Barbara Cratzius

Kinder im Kirchenjahr

Wie ein Baum, gepflanzt an Wasserbächen,
der aus Tiefen seine Kraft gewinnt,
darf ich leben in der Nähe Gottes,
und ich bin geborgen wie ein Kind.

Nach Psalm 1

Barbara Cratzius

Kinder im Kirchenjahr

Geschichten, Lieder, Gedichte,
Rätsel, Spielszenen und Bastelanleitungen
für Advent, Weihnachten, Ostern,
Pfingsten und Erntedank
in Familie, Schule und Gemeinde

BRUNNEN VERLAG · GIESSEN/BASEL

ABCteam

ABCteam-Bücher erscheinen in folgenden Verlagen:
Aussaat- und Schriftenmissions-Verlag Neukirchen-Vluyn
R. Brockhaus Verlag Wuppertal
Brunnen Verlag Gießen
Bundes Verlag Witten
Christliches Verlagshaus Stuttgart
Oncken Verlag Wuppertal

CIP-Kurztitelaufnahme der Deutschen Bibliothek

Cratzius, Barbara:
Kinder im Kirchenjahr: Geschichten, Lieder, Gedichte, Rätsel, Spielszenen u. Bastelanleitungen für Advent, Weihnachten, Ostern, Pfingsten u. Erntedank in Familie, Schule und Gemeinde / Barbara Cratzius. – 2. Aufl. – Giessen; Basel: Brunnen-Verlag 1985.
(ABC-Team; 860: Werkbücher)
ISBN 3-7655-2860-9
NE: GT

2. Auflage 1985

Herstellung: St.-Johannis-Druckerei, Lahr
Umschlaggestaltung: Martin Künkler
Notensatz: Herbert Ring, Haltern
Die Kinderzeichnungen wurden im Religionsunterricht der Grundschule Heikendorf erarbeitet

Inhalt

Einführung

Wir reißen ein Kalenderblatt nach dem anderen ab und spüren voller Unbehagen, wie schnell die schönen Vorfrühlingstage dahinschwinden, wie eilig die sommerlichen Ferientage vorüberfliegen und wie unerbittlich die trüben, grauen Novembertage nahen. – So verrinnen uns die Jahre, und wir selbst fühlen uns gejagt von Pflichten und Terminen, die uns Tag für Tag aufgebürdet werden. – Wie anders verläuft ein Jahr, wenn wir uns in getroster Zuversicht an den Terminen Gottes orientieren!

Da fällt in die dunklen Dezemberwochen der helle Schein des Advents mit der Vorfreude auf Weihnachten.

Da freuen wir uns nach den erfüllten Tagen des Christfestes schon auf die fröhlichen Lieder der Sternsinger am Epiphaniasfest.

Der Glanz des Osterlichtes und die Freude des Pfingstfestes können unsere Herzen hell machen, wenn wir uns der frohen Botschaft öffnen.

Von dieser Freude am Wirken Gottes in unserer Welt erfahren wir schon in den frühen Schriften der Christen. So heißt es im „Hirt des Hermas“ (um 130. n. Chr.): „Bekleide dich also mit der Fröhlichkeit, die allezeit Gnade bei Gott findet und ihm wohlgefällt. Denn jeder fröhliche Mann tut Gutes und verachtet die Traurigkeit. Mache dich also rein von dieser bösen Traurigkeit, und du wirst Gott leben.“

Ganz in diesem Sinne werden in dem vorliegenden Buch viele Anregungen gegeben, das Jahr Gottes in seiner Fülle und Verheißung zu erleben. Unsere Erfahrungen und Erlebnisse haben mehr mit Gott zu tun, als wir oft meinen. Gott hat unsere Erde erschaffen; er ist uns durch seinen Sohn nahe gekommen. Vor Gott ist nichts in unserem Leben zu klein oder zu unwichtig. Was uns frohmacht oder bedrückt, was uns im wechselnden Ablauf unserer Tage bewegt, können wir getrost in die Termine eines Jahres mit Gott einordnen.

So gehören in ein Buch für Kinder im Kirchenjahr auch Spiele und Bastelarbeiten für die jeweiligen Festtage wie Weihnachten, Ostern und das Erntedankfest.

Neben dem Lobpreis Gottes am Erntedankfest darf aber auch das mahnende Denken an die hungernden Kinder in den Notstandsgebieten nicht fehlen. Und neben den Anregungen zum Entdecken der Geheimnisse und Schönheit unserer Welt gilt es zu zeigen, wie gefährdet unsere Erde durch uns Menschen ist.

Über allen Ängsten und Bedrohungen aber soll immer wieder die zuversichtliche Gewißheit stehen, die Gott uns gegeben hat: „Solange die Erde steht, sollen nicht aufhören Saat und Ernte, Frost und Hitze, Sommer und Winter, Tag und Nacht" (1. Mose 8, 22).

In den Liedern und Gebeten habe ich oft auf die Psalmen zurückgegriffen, denn sie waren das Gebetsbuch Jesu. Hier finden sich viele Bilder und Formulierungen, zu denen Kinder unmittelbaren Zugang haben. Vielleicht werden dadurch auch Eltern und Erzieher ermutigt, die Psalmen für sich neu zu entdecken.

Wesentlicher Bestandteil dieses Buches sind die Zeichnungen 7–11jähriger Kinder. Ich habe immer wieder festgestellt, daß man eine unruhige Kindergruppe ohne großen technischen Aufwand zur inneren Sammlung führen kann, wenn man die Geschichten und Bilder, die man ihnen vor Augen stellt, malen läßt. Wie oft haben mich Kinder beim Erzählen einer biblischen Geschichte gebeten: „Können wir dabei malen?" Schwarz-weiß-Zeichnungen haben den Vorzug, daß man sie gut vervielfältigen kann. Auf diese Weise können ein von allen Kindern gemeinsam erarbeitetes Bilderbuch, ein Kalender o. ä. entstehen. Während des oft zeitraubenden Einübens mancher Spiele ist es zweckmäßig, vorübergehend nicht beteiligte Kinder mit Zeichnen zu beschäftigen. Jedes Kind bekommt eine eigene Sammelmappe, die sich dann allmählich füllt. (Schöne, sauber gemalte Kinderbilder sind hochwillkommene Geschenke für liebe Verwandte.)

Kinder lieben Feste. Sie zählen die Tage bis Weihnachten, bis zum Geburtstag... Feste sind so etwas wie das Gedächtnis der Menschen. Uns Christen erinnern sie an die Güte und Liebe Gottes, die er uns durch seinen Sohn geschenkt hat. Wenn wir nicht mehr recht zu feiern verstehen – „mit Herzen, Mund und Händen" –, dann kann uns das Verständnis für die großen Heilstaten Gottes leicht verlorengehen. Mit „Herzen, Mund und Händen", das bedeutet auch, daß wir durch Spielen und Singen, durch Malen und Basteln dem Ruf Gottes Antwort geben können.

Dieses Werkbuch bietet keine vorgefertigten Konzepte für den

Ablauf eines Familiengottesdienstes, einer Weihnachtsfeier, einer Gemeindeveranstaltung. Es soll vielmehr so etwas wie eine Fundgrube sein; eine Fundgrube von Geschichten, Spielen, Liedern und Werkarbeiten, mit denen man – bausteinartig und dem jeweiligen Alter der Kinder entsprechend – eine gemeinsame Feier selbst zusammenstellen kann.

Barbara Cratzius

Advent und Weihnachten

• Wir erzählen

Für Kinder ist es vielleicht schwer verständlich, daß am Beginn der Adventszeit nicht das Bild vom Kind in der Krippe stehen soll, sondern das Bild des Heilands, der am Ende seines Heilsweges dorthin zieht, wo ihn das Kreuz erwartet. Aber Krippe und Kreuz, der Weihnachtsglanz und das Osterlicht, das uns mit dem auferstandenen Herrn Hoffnung und Leben verheißt, gehören als frohe Botschaft zusammen, denn „Siehe, dein König kommt zu dir!"

So führt die Darstellung vom Einzug Jesu in Jerusalem in die Adventszeit ein, die vom Hoffen, Warten und von der Freude auf den Herrn erfüllt ist.

Lieder und Kinderbilder von der jubelnden Menschenmenge vertiefen den Bericht: „Neben das unverzichtbare Erzählen tritt gleichberechtigt das ‚Predigen mit Bildern' oder mit Liedern. Der vertiefenden kreativen Gestaltung wird endlich auch gerade im Gottesdienst Raum gewährt" (Wolfgang Longardt).

Text: Barbara Cratzius
Melodie: Herbert Ring

Der Einzug in Jerusalem

2. Holt die Kleider! Holt die Kleider! Breitet sie im Sande aus!
Hosianna laßt uns rufen! Gott sei Ehre, Lob und Preis!

3. Brecht die Zweige! Brecht die Zweige! Palmen laßt im Winde wehn!
Lasset unserm Herren singen: Gott sei Ehre, Lob und Preis!

4. Reicht die Kinder! Reicht die Kinder, daß der Herr sie segnen kann!
Frieden soll auf Erden werden. Gott sei Ehre, Lob und Preis!

5. Laßt uns jubeln! Laßt uns loben! Heute ist ein Freudentag!
Wenn wir schweigen, reden Steine. Gott sei Ehre, Lob und Preis!

Nachrichtenübermittlung

Daß ein Kind geboren wird,
ist nichts Besonderes.
Daß einfache Menschen
sich durch übernatürliche Erscheinungen
erschrecken lassen,
passiert auch heute.
Daß Himmelskörper mit ihrem Licht
die Köpfe mancher Menschen verwirren,
daß man derartige Naturereignisse sogar
auf einem hochempfindlichen Film festhalten kann,
liest man fast täglich.
Daß Könige sich von der Macht verführen lassen,
geschieht immer wieder.

Das Besondere an der Weihnachtsbotschaft ist:
daß die Menschen, vor die damals die Neuigkeit kam,
die Hirten im Gebirge,
die Wirte in den Gasthäusern,
die römischen Kriegsleute,
die Diener der Könige –
sich nicht nur wunderten
und das Wort dann vergaßen
in der Betriebsamkeit der täglichen Geschäfte,
sondern die Nachricht weitersagten,
ohne drahtlosen Funk von Kontinent zu Kontinent,
ganz einfach von Mund zu Mund,
so daß die Botschaft wirklich
wie ein Lauffeuer um den Erdball ging.
Sie kam auch zu mir
mit ihrer verwandelnden Kraft!

(Aus „Wer bringt dem Kind das Lachen bei“,
Steinkopf Verlag, Stuttgart)

Die Weihnachtsgeschichte

Der Bote Gottes kommt zu Maria (Lukas 1, 26–38)

Es ist schon fast zweitausend Jahre her. Da lebte in Nazareth eine Frau, die Maria hieß. Gott schickte einen Engel zu ihr. Der Engel sprach: „Freue dich, Maria! Gott hat etwas Besonderes mit dir vor.“

Da erschrak Maria. Doch der Bote Gottes sprach weiter: „Du brauchst dich nicht zu fürchten. Gott hat dich auserwählt. Du wirst einen Sohn bekommen. Du sollst ihm den Namen Jesus geben. Er wird ein König für die ganze Welt werden. Weil Gott alle Menschen lieb hat, schickt er seinen eigenen Sohn auf die Erde.“

Maria hatte keine Angst mehr. Sie vertraute dem Boten Gottes. Sie freute sich auf ihr Kind.

Der Befehl des Kaisers Augustus (Lukas 2, 1–7)

In Rom lebte damals der Kaiser Augustus. Er regierte auch über die Menschen im jüdischen Land. Sie sollten ihm Steuern bezahlen. Darum mußte er wissen, wieviele Menschen dort wohnten. Er ließ einen Befehl ausrufen: Jeder muß dorthin reisen, wo er geboren ist.

In der Stadt Nazareth lebte Josef. Er mußte nun nach Bethlehem ziehen. Er war nicht froh über den Befehl des Kaisers, denn seine Frau Maria erwartete ein Kind. Er wußte, daß dieses Kind Gottes Sohn ist. – Der Weg nach Bethlehem war sehr weit, aber sie mußten dem Kaiser gehorchen. So verließen sie ihr Haus und machten sich auf den Weg.

Unterwegs trafen sie viele Menschen, die auch in ihre Geburtsstadt zogen. Deswegen war in Bethlehem auch kein Zimmer mehr frei.

Maria spürte, daß ihr Kind bald zur Welt kommen würde. Sie brauchten einen Raum, der sie schützte vor der kalten Nacht. Endlich fanden sie eine Höhle, die als Stall diente. Da war es warm. In dieser Höhle wurde das Jesuskind geboren. Maria wickelte es in Windeln und legte es in eine Futterkrippe.

Die Nacht der Hirten (Lukas 2, 8–20)

Auf den Feldern nicht weit von Bethlehem lagerten Hirten und bewachten ihre Herden.

Da wurde es mitten in der Nacht ganz hell. Ein Engel Gottes trat zu den Hirten, und sie erschraken sehr. Doch der Bote Gottes sagte zu ihnen: „Fürchtet euch nicht! Ich verkündige euch große Freude. Euch ist heute der Heiland geboren. Geht nach Bethlehem. Dort werdet ihr das Kind finden. Es liegt in einer Futterkrippe."

Auf einmal war die Luft erfüllt von Jubeln und Singen. Eine große Schar Engel lobte und dankte Gott. Weithin erschallte ihr Gesang: „Ehre sei Gott in der Höhe und Friede auf Erden allen Menschen, die sich nach Gott sehnen."

Als die Boten Gottes verschwunden waren, riefen die Hirten: „Kommt, laßt uns nach Bethlehem gehen und das Kind suchen. Dieses Kind ist unser Retter und Erlöser!"

In Bethlehem fanden sie alles so vor, wie es ihnen der Engel gesagt hatte. Als sie das Kind sahen, knieten sie an der Krippe nieder und beteten es an. Sie erzählten Maria und Josef alles, was die Engel ihnen verkündigt hatten. Alle, die es hörten, staunten über die Worte der Hirten. Maria aber vergaß kein einziges Wort und dachte viel darüber nach.

In den Herzen der Hirten war es hell geworden. Sie konnten nicht mehr schweigen. Sie lobten Gott und riefen es den Menschen zu: „Freut euch! Gottes Sohn, unser Heiland und Retter, ist geboren!“

Die Weisen aus dem Morgenland (Matthäus 2, 1–12)

Damals ereignete sich noch etwas anderes in den Ländern weit im Osten von Bethlehem. Ein heller Stern war am Himmel aufgegangen, den die Menschen noch nie gesehen hatten.

Drei kluge und gelehrte Männer – Sternforscher waren es – hatten ihn entdeckt. „Ein Königsstern ist das!“ sagten sie. „Ein König soll geboren werden im Lande der Juden. Wir wollen hinziehen, ihm Geschenke bringen und zu ihm beten. Er wird der König der Welt sein und uns allen Frieden bringen.“

Sie zogen los nach Jerusalem. Der Stern leuchtete immer über ihnen. – So kamen sie an den Hof des Königs Herodes. Die Männer fragten ihn: „Ist hier ein neuer König geboren? Wir haben im Morgenland seinen Stern gesehen.“

Herodes erschrak. Er wollte doch allein König im Lande bleiben und hatte Angst vor einem neuen Herrscher. Also rief er seine Ratgeber und Schriftkundigen. Sie sagten ihm, daß in der Heiligen Schrift der Friedenskönig schon von dem Propheten Micha angekündigt wird. Dort heißt es:

Du, Bethlehem im jüdischen Land,
du bist gewiß nicht die Kleinste,
denn aus dir soll mir kommen der König, der Fürst,
der Herrscher wird über mein Volk.

Nun wußte es Herodes: In Bethlehem sollte der neue König geboren werden. Heimlich ließ er die Könige aus dem Morgenland wieder zu sich rufen. Sie sollten ihm genau die Zeit sagen, wann der Stern erschienen war. Dann sagte er: „Geht nach Bethlehem, das ist nicht weit von hier. Sucht das Kind, und sagt mir, wo es geboren wurde. Auch ich möchte es ehren.“

Hell strahlte der Stern vom Himmel und zeigte den Weisen den Weg nach Bethlehem. Sie fanden das Kind und breiteten ihre

Schätze vor ihm aus: Gold, Weihrauch und Myrrhe. Aber Gott sagte zu ihnen im Traum: „Geht nicht nach Jerusalem zurück. Herodes will das Kind töten. Geht auf anderen Wegen in euer Land zurück."

Gott beschützt seinen Sohn (Matthäus 2, 13–18)

Der Engel Gottes erschien auch Josef im Traum und sagte zu ihm: „Josef, nimm das Kind und fliehe mit Maria. Herodes sucht euch. Er will das Kind töten. Fliehe nach Ägypten. Da seid ihr sicher. Warte dort, bis Gott dich rufen wird."

So zog Josef noch in der selben Nacht mit Maria und dem Kind los auf den langen Weg durch die Wüste.

Herodes hatte lange auf die Weisen gewartet. Sie kehrten nicht zu ihm zurück. Da wurde er zornig und befahl seinen Soldaten: „Zieht nach Bethlehem, und tötet alle Knaben, die jünger als zwei Jahre sind!"

Herodes hatte Angst vor dem neuen König, dem Herrscher und Retter aller Menschen. Aber Gott beschützte seinen Sohn. In Ägypten war er sicher vor den Soldaten des Königs. Erst als Herodes gestorben war, kamen Josef und Maria mit dem Kind zurück.

Der Weihnachtsstern

„Mami, heute nachmittag geh ich zu Sandra. Ihre Mutter hat erlaubt, daß wir bei ihr in der Küche an unseren Weihnachtsgeschenken weiterarbeiten dürfen!"

„In der Küche?", wundert sich die Mutter. „Macht nur nicht so viel Schmutz, und räumt alles wieder gut auf, damit Sandras Mutter nicht die ganze Arbeit hat! Ich weiß noch, wie meine Küche aussah, als ihr das Pfefferkuchenhäuschen gebacken habt. Sogar hinter den Schranktüren haben noch Teigreste geklebt. Und der Puderzucker und die vielen klebrigen Smarties!"

„Ist ja noch gar nicht raus, ob wir überhaupt was backen wollen!", ruft Helga lachend. „Also, tschüß, bis heute abend!"

„Komm nicht so spät!", ruft Mutter ihr noch nach. „Es wird jetzt schon so früh dunkel!"

Aber Helga ist schon losgerannt. Ob die Schäfchen und die Hirten, die sie in der letzten Woche geformt haben, wohl schön aussehen nach dem Brennen? Das wird eine Überraschung am Heiligabend geben, wenn die fertige Krippe mit all den Tieren, den Hirten, den Hunden und Eseln unter dem Tannenbaum steht.

„Komm schnell in die Küche!", empfängt sie Sandra. „Ich habe schon die Plakafarben hingestellt. Wir können die Schafherde, die Hirten und die Könige gleich anmalen; sie sind wunderschön geworden. Ganz fest gebrannt. Nichtmal ein Beinchen ist abgebrochen!"

Bald stehen die weißen Schäfchen, ein brauner Hirtenhund und die Hirten mit ihren grauen Mänteln schön aufgereiht auf dem Küchentisch.

„So", sagt Helga, „jetzt fehlt noch der Engel, der den Hirten auf dem Feld die Botschaft verkündigt hat! Gib mir doch mal einen größeren Klumpen Ton rüber, ich will heute gleich zwei oder drei anfangen. Das ist bestimmt eine richtige Engelschar gewesen, damals bei den Hirten. Einer allein genügt nicht. Die haben bestimmt ganz laut gesungen!"

„Wie macht man bloß ein Engelsgesicht?" überlegt Sandra. „Bei den Hirten war das viel leichter. Einer von meinen Hirten hat ein richtig freches Gesicht und eine lustige Nase, guck mal! Aber ein Engel, der muß doch ganz ernst und feierlich ausschauen. Das ist ganz schön schwierig!"

„Nein", sagt Helga, „ich lasse meinen Engel lachen! Der hat den Hirten doch etwas Schönes gesagt, etwas zum Freuen. Ich forme jetzt einen Mund, der richtig lacht. Wenn ich meinen Engel nächste Woche anmale, nehme ich ein leuchtendes Gelb und Blau für das Kleid und ein helles Rosa für das Gesicht. Das sieht doch fröhlich aus."

Viel zu schnell vergeht die Zeit. „Mensch, schon sechs Uhr, ich muß nach Hause! Und ich wollte noch die Könige und die Krippe mit dem Christkind, die Maria und den Josef anfangen. Nur noch vierzehn Tage bis Weihnachten. Dann müssen wir in der nächsten Woche gleich an zwei Nachmittagen basteln, sonst schaffen wir es nicht mehr. Meine Mutter denkt bestimmt, wir wollten pfundweise Plätzchen backen, wenn ich so oft bei dir verabredet bin!"

„Nimm die Taschenlampe mit!", ruft Sandras Mutter Helga nach, „in eurer Straße ist das letzte Stück so schlecht beleuchtet!"

„Vielen Dank", lacht Helga, „ich habe keine Angst, ich bin ja in ein paar Minuten zu Hause."

Auf der Straße ist es stockfinster. „Da hat der Bagger im Neubaugebiet doch wieder ein Stromkabel angebohrt, zu blöd", denkt sie. Keine Straßenlaterne brennnt, alle Fenster sind dunkel. Helga geht immer schneller, ganz unheimlich ist ihr zumute. In der Ferne heult ein Hund. Wenn doch wenigstens ein Auto vorbeifahren würde!

Dort – hinter den Büschen, hat sich da nicht ein Schatten bewegt? Helga beginnt zu laufen, ihr Herz schlägt vor Angst ganz schnell. Da leuchtet zwischen den dunklen Tannen ein Stern, ein richtiger, glänzender, goldener Stern!

Erleichtert atmet Helga auf. Das ist ja der große Weihnachtsstern, den die Mutter in das Wohnzimmer gehängt hat. Helga springt die Treppen hinauf. „Mami! Mami!", ruft sie und flüchtet in die Arme der Mutter. „Überall sind die Laternen ausgegangen. Alles ist dunkel, aber unser Stern macht die Straße hell!"

(Zuerst erschienen in: „Kommt, der Stern wird uns führen", Steinkopf Verlag, Stuttgart)

Ein besonderer Wunschzettel

„Du, Mutti, wir haben heute eine tolle Hausaufgabe!“, ruft Jochen. „Wir dürfen unsern Wunschzettel für Weihnachten auf ein großes Blatt schreiben und ringsum verzieren. Ich fange gleich damit an!“

Er schreibt mit großen Buchstaben:
FUSSBALLSCHUHE,
KRANWAGEN,
INDIANERFORT MIT PALISADENZAUN,
ZEHN PFERDE UND INDIANER,
DREI BÜCHER

Dann beginnt Jochen zu malen. Am besten gelingt ihm das Kranauto. „Mutti, die Pferde sind so schwierig. Ich geh mal eben zu Opa Müller. Der hat so viele Pferdebilder. Weißt du, von den Reitturnieren, bei denen er immer mitgeritten ist. Da male ich einfach die Pferde ab. – Vielleicht darf ich auch ein bißchen mit seinem Hund spazierengehen.“

Es dauert lange, bis Jochen zurückkommt.

„Du, Mutti“, erzählt er aufgeregt, „mein Wunschzettel ist fertig. Opa Müller hat auch gleich einen gemalt mit tollen Pferden und Hunden. Und geschrieben hat er auch etwas. Sein Wunschzettel geht sogar schon *vor* Weihnachten in Erfüllung, und ich kann ihm dabei helfen!“

„Da bin ich aber gespannt!“ sagt Mutter.

„Weißt du, Opa Müller würde am liebsten wieder reiten, aber seit seinem Unfall darf er das nicht mehr. Und dann möchte er gern mal wieder richtig mit seinem Jagdhund laufen können, Treppen steigen und einkaufen. Aber jetzt muß er ja fast immer auf seinem Stuhl sitzen, und mit dem Stock kann er auch nur ganz langsam gehen. Weißt du, da habe ich ihm versprochen, daß ich jeden Tag mit seinem Hund im Park herumlaufen und ein bißchen mit ihm toben werde. Auf dem Heimweg kann ich dann für Opa Müller einkaufen, was er braucht: Kartoffeln, Dosen; alles, was so schwer zu tragen ist. Und ein bißchen Taschengeld bekomme ich auch dafür. Opa Müller hat auch gesagt, ich darf ihn oft besuchen und mit seinen Enkelkindern zu Weihnachten mit dem Indianerfort und den Pferden spielen. Er will mir auch noch ein paar Sheriffs und ein Polizeiauto dazustellen. Ich freue mich schon so auf Weihnachten!“

Rätsel

Ich kann fahren ohne Räder,
das wirst du gleich sehn.
Setz dich doch auf meinen Rücken!
Heißa, das geht schön.

Immer tiefer, immer schneller,
langsam geht's empor.
Pferdchen brauch ich nicht zum Ziehen,
spann dich selber vor!

Was ist das?
(Ein Schlitten)

Mein Farbe, die ist braun,
bin ein fester, harter Wicht.
Runzlig bin ich anzuschaun,
du kannst mich zerdrücken nicht!

Doch – so hört – einmal im Jahr
werd ich golden angemalt,
und dann glänz ich wunderbar,
wenn der Weihnachtsbaum erstrahlt.

Was ist das?
(Eine Nuß)

Ich seh so schöne Blumen,
die wachsen in die Höh.
Doch find ich keine Wurzeln,
und auch kein Blatt ich seh.

Sie brauchen keine Erde,
sie mögen Schnee und Eis.
Doch schau –, sie sind verschwunden
und blühten doch so weiß!

Was ist das?
(Eisblumen)

• Wir singen und beten

Vorbemerkung zu den Liedern:
Bei einer Weihnachtsfeier in Schulen und Gemeinden können die Texte der Lieder auch sehr gut als Weihnachtsgedichte verwendet werden. Für manche Feier wäre es eine Bereicherung, statt der Jahr für Jahr wiederholten gleichen Gedichte einmal etwas Neues anzubieten.

Text: Barbara Cratzius
Melodie und Akkord-Bezeichnung:
Herbert Beuerle 1984

Wir spüren Gottes Segen

2. Wir spüren Gottes Segen
 an jedem Tage neu.
 Der Herr kommt uns entgegen,
 das macht uns froh und frei.

3. Gott selber will uns führen,
 es strahlt des Sternes Schein.
 Gott öffnet Tor und Türen
 und lädt uns alle ein.

Text: Barbara Cratzius
Melodie: Herbert Ring

Das Nikolaus-Lied

Aus: "Zieht mit zum Kind in der Heiligen Nacht", Laumann-Verlag, 4408 Dülmen

2. Doch einmal, da blieben die Schiffe aus.
Sie brachten zum Mahlen kein Korn nach Haus.
Die Räder der Mühlen, die blieben stehn;
die Bäcker, sie konnten nicht backen gehn.

3. „O Bischof, der Herr liebt uns nimmermehr,
es schrei'n unsre Kinder, sie hungern sehr.“ –
„So betet zum Herrn, er sieht eure Not,
er wird euch helfen mit Korn und mit Brot!“

4. „O Bischof, ein Schiff, seht, es stößt an Land,
mit Korn ist's gefüllt bis zum höchsten Rand!“ –
„Ihr Herrn, habt Erbarmen, nehmt wahr unsre Not,
ach leert eure Säcke, und gebt uns doch Brot!“

5. „O Bischof, wir würden euch helfen gern,
doch fürchten wir Strafe von unserm Herrn.
Und fehlt dann ein Sack, so peitscht er uns aus,
wir können nicht helfen dir, Nikolaus!“

6. „O fürchtet euch nicht vor des Herren Zorn,
ihr Leut', seid barmherzig, es fehlt ja kein Korn;
denn Gott wird euch füllen mit gnädiger Hand
das Schiff wieder voll bis zum höchsten Rand!“

7. Da leerten die Schiffer die Säcke aus,
und satt wurden alle bei festlichem Schmaus.
Sie lobten und dankten dem Nikolaus:
„Ach komm doch auch heute in unser Haus!"

Hinweis: Das Lied kann auch mit verteilten Rollen gesungen, gesprochen oder gespielt werden.

Niklaus, Niklaus, guter Mann

Niklaus, Niklaus, guter Mann,
halt doch deinen Esel an.
Gutes Heu, so warm und weich
kriegt der liebe Esel gleich.

Niklaus, komm zu uns herein,
sollst uns sehr willkommen sein.
Sieh, bei uns, da brennt noch Licht,
Nikolaus, vergiß uns nicht.

Niklaus, Niklaus, guter Mann,
weißt du, daß ich singen kann.
Niklaus, komm in unser Haus,
leer doch bald dein Säcklein aus.

Du halfst Menschen in der Not,
gabst das Korn, das Mehl, das Brot,
halfst den Schiffern in der Flut,
Niklaus, du bist lieb und gut.

Niklaus, komm, wir warten sehr,
deine Hände sind nicht leer.
Komm zu uns auch dieses Jahr,
reich uns deine Gaben dar.

(Auch als Lied nach der Melodie:
„Laßt uns froh und munter sein".)

Wir zünden die Kerzen an

Text: Barbara Cratzius
Melodie: Herbert Ring

Aus: "Zieht mit zum Kind in der Heiligen Nacht", Laumann-Verlag, 4408 Dülmen

2. Es brennt die zweite Kerze heut!
Seht, den hellen Schein!
Auf die Tür, die Tore weit.
Herr, kehr bei uns ein!
Tragt das Licht . . .

3. Seht dort am Kranz das dritte Licht,
wie es leuchtet weit!
Hört, ihr Menschen: Sorget nicht,
macht das Herz bereit!
Tragt das Licht . . .

4. Wir zünden alle Kerzen an.
Seht, der Herr ist nah!
Jeder jubeln, singen kann:
Christus ist bald da!
Tragt das Licht . . .

Text: Barbara Cratzius

Licht aus der Finsternis

Melodie: Herbert Beuerle 1984

2. Licht aus der Finsternis,
du willst uns aus Nacht befrein,
und dein Glanz strahlt voller Hoffnung
in die dunkle Welt hinein.

3. Licht aus der Finsternis,
Herr, du weißt, wir sind allein.
Doch du hast es uns versprochen:
Nah willst du im Dunkel sein.

4. Licht aus der Finsternis,
Gottes Ja zu unserm Nein.
Herr, schenk du mir Licht und Liebe,
andern will ich Bruder sein.

Licht aus der Finsternis

Licht aus der Finsternis,
glänzt auf das dunkle Land,
reißt uns aus Angst und Tod,
ist uns von Gott gesandt.

Licht aus der Finsternis,
strahlend für uns entfacht.
Frieden erbitten wir,
Hoffnung und Trost in der Nacht.

Licht aus der Finsternis,
leuchtend aus Gottes Geist,
das der verlornen Welt
Leben und Trost verheißt.

Text: Barbara Cratzius
Melodie: Herbert Beuerle 1980
Rechte: Burckhardthaus-Laetare Verlag

Uns ist ein Kind geboren

2. Uns ist ein Kind geboren,
   ein Sohn ist uns gegeben.
   Wir sind nicht mehr verloren,
   er will ins Licht uns heben.
   Herr, schenke uns deinen Frieden.

3. Uns ist ein Kind geboren,
   ein Sohn ist uns gegeben,
   will unser Bruder werden,
   daß wir von neuem leben.
   Herr, schenke uns deinen Frieden.

Text: Barbara Cratzius
Melodie: Herbert Beuerle

Lied der Hirten

2. Ein Wunder ist heut nacht geschehen!
Es hat uns der Glanz getroffen.
Wir haben Engel selber gesehen,
und weit stand der Himmel uns offen.

3. Ein Wunder ist heut nacht geschehen!
Wir hörten's mit eignen Ohren.
Zur Krippe sollt ihr eilends nun gehen.
Der Heiland ist euch heut geboren.

4. Ein Wunder ist heut nacht geschehen!
Das kann uns kein Zweifel rauben.
Wir haben Gottes Sohn heut gesehen!
Wir knien vor ihm hin und wir glauben.

Gebete

Lieber Herr Jesus,
wir danken dir, daß du zu uns in die Welt gekommen bist.
Bei uns ist es dunkel.
Viele Menschen sind traurig und haben Angst.
Du bringst in die dunkle Welt dein helles Licht.
Du tröstest uns und machst uns froh.
Dafür danken wir dir.
Amen.

Lieber Gott,
du hast deine Boten zu den Hirten auf dem Felde geschickt.
Sie haben allen Menschen Frieden und Freude verkündigt.
Die frohe Botschaft von der Geburt deines Sohnes
haben sie uns allen gebracht.
Dafür danken wir dir.
Amen.

Lieber Vater im Himmel,
du hast uns Menschen deinen lieben Sohn geschickt.
Er wurde als armes kleines Kind bei uns geboren.
Wir sind froh und dankbar,
daß wir seinen Geburtstag feiern dürfen.
Wir möchten unsere Freude
auch vielen anderen Menschen bringen.
Hilf uns dazu.
Amen.

Lieber Gott,
du hast uns Jesus geschenkt.
Auch wir machen uns zu Weihnachten Geschenke.
Wir haben oft so viele Wünsche.
Alle werden sich nicht erfüllen.
Aber wir freuen uns trotzdem sehr, weil du uns liebhast.
Nun möchten wir auch andere liebhaben
und unsere Freude weitergeben:
an Einsame, Traurige und Kranke.
Wir möchten viele Menschen frohmachen.
Amen.

• Wir spielen

Hinweise zum Aufführen der Spiele

Ich habe es bei der Vorbereitung eines Rollenspiels so gehalten, daß ich die Kinder möglichst selbst entscheiden ließ, welche Rolle sie spielen wollten. Auch sollten die Kinder angeregt werden, selbst kleine Rollen zu erfinden. Wünsche, Anregungen und die Kritik der Gruppe müssen bei jeder Spielprobe berücksichtigt werden.

Wenn genügend Kinder mitspielen, wäre es gut, die Rollen doppelt zu besetzen. So kommen keine „Star-Allüren“ auf. Außerdem werden die Kinder angeregt, auf den Partner einzugehen.

Älteren Kindern kann man die Mitarbeit bei einer längeren Probezeit erleichtern, indem man ihnen die Funktion eines „Kritikers“ zuweist. Allerdings sollten kritische, aber auch positive Einwendungen („Ingrid muß lauter sprechen . . . Peter hat seine Königsrolle toll gespielt . . . Ulf verdeckt die anderen Spieler . . .“) nicht während der Proben vorgebracht werden. Zweckmäßig ist es, sie in einem „Kritik-Heft“ festzuhalten und während der Pausen durchzusprechen. Der Spielleiter sollte dabei zunächst seine eigene Kritik zurückhalten.

Ich habe immer wieder erfahren, daß die gemeinsame Arbeit an einem Spiel auch „gestörte“ Kinder ausgeglichener und hilfsbereiter werden läßt.

So kann während der gemeinsamen Probezeit eine Gemeinschaft entstehen, die erfährt, daß jeder mit seiner jeweiligen Begabung wichtig ist, daß wir alle in der Gemeinschaft vor Gott aufgehoben und geborgen sind.

Wenn die Spiele vor einem größeren Zuhörerkreis aufgeführt werden, kann gemeinsamer Gesang die Gemeinde eng mit dem Spielgeschehen verbinden. Dafür eignen sich Gesangbuchverse oder bei Weihnachtsspielen auch bekannte Weihnachtslieder.

Ochs und Esel an der Krippe

OCHSE: Esel, Esel, sieh dich vor,
du hast doch so lange Ohren!
Stör nicht unser liebes Kind,
das heut nacht bei uns geboren!

ESEL: Ochse, deine großen Hufe
machen Staub und stampfen laut!
Und dein Maul, dein großes Maul,
macht uns Angst, wie es jetzt kaut!

OCHSE: Grauer Esel, geh nur fort,
und klapp du *dein* Maul doch zu!
Ach, wie laut klagt deine Stimme,
dein – i a – stört unsre Ruh!

ESEL: Nein, mein Ruf ist wie Gesang,
siehst du, wie das Kindlein lacht?
Doch du hast mit deinen Hörnern
ihm so große Angst gemacht!

OCHSE: Ich bleib hier, ich wärm das Kindlein,
und mein Atem haucht ganz sacht.
Sieh, mein Schwanz verscheucht die Fliegen,
ich halt bei der Krippe Wacht.

ESEL: Auch ich bleib ganz nah hier stehen,
denn ich muß das Kindlein tragen.
Josef wird bald fliehen müssen,
das wird ihm ein Engel sagen.

MARIA: Ochs und Esel, seid doch friedlich,
heute ist die Heil'ge Nacht.
Unser Kindlein liebt euch beide,
haltet treu mit uns die Wacht!

Kniet euch nahe an der Krippe,
schaut das Kind und seid ganz still!
Unser Heiland ist geboren,
der uns alle retten will.

Wer ist der schönste Baum?

Ein Kreisspiel. Die Kinder stellen sich im Kreis auf. Ein Kind geht in die Mitte und singt oder spricht:

Ich suche, ich suche den schönsten Baum
in Gärten und in Wäldern.
Wer ist von euch der schönste Baum
auf Wiesen und auf Feldern?

Das Kind schaut sich prüfend um, bleibt vor dem Apfelbaum stehen.

APFELBAUM (reicht die Äpfel):
Ich bin der schönste Baum, schau her,
ich trage Äpfel hier.
Da hast du sie, sind blank und rot,
ich schenk sie alle dir.

KIND: Ich suche einen andern Baum,
der bist du leider nicht.
Ich seh ihn glänzen schon im Traum
mit seinem hellen Licht.

KASTANIE (reicht die Kastanien):
Ich steh hier als Kastanienbaum,
schau meine Blätter an!
Kastanien hab' ich, braun und rund,
die ich verschenken kann.

KIND: Ich suche einen andern Baum . . .

WEIDE:
Du Kind, du suchst bestimmt wohl mich,
bin Weidenbaum genannt.
Die weißen Kätzchen trage ich,
ich steh am Bachesrand.

KIND: Ich suche einen andern Baum . . .

BIRNBAUM:
Den großen Birnbaum siehst du stehn,
ich trage Früchte schwer.
So halte doch mal hoch den Korb,
ich reich die Birnen her.

KIND: Ich suche einen andern Baum . . .

BIRKE:
Hast an die Birke du gedacht?
Ich schwanke leicht im Wind.
Mein Stamm glänzt weiß, die Blätter grün,
mich suchst du wohl, mein Kind?

KIND: Ich suche einen andern Baum . . .

EICHE:
Bei mir, da läßt sich's klettern schön,
ich habe festes Holz.
Du kannst die Eicheln glänzen sehn,
ich reich sie dir voll Stolz.

KIND: Ich suche einen andern Baum . . .

KIRSCHE:
Da meinst du diesen Kirschenzweig,
den hab ich mitgebracht.
Im Zimmer blüht er weiß und schön
in dunkler Winternacht.

KIND: Ich suche einen andern Baum . . .

TANNE:
Ich trage keine Blätter,
auch Blüten hab ich nicht.
Ich hab auch keine Wurzeln,
nur Nadeln, dicht an dicht.
Doch trag ich viele Kerzen
und Sterne, golden, schön,
auch Pfefferkuchen, Nüsse,
bald werd ich bei euch stehn!

KIND (froh, nun gefunden zu haben!):
Nun finde ich dich endlich hier,
wer hat dich hergebracht?
Du bist der liebste, schönste Baum
in unsrer Weihnachtsnacht!

Kleines Hirtenspiel

1. HIRTE: Treibt die Schafe zusammen,
so kalt wird die Nacht.
Laßt das Feuer uns schüren!
Ich halte die Wacht.

2. HIRTE: Will ein Liedlein noch spielen,
so kalt ist die Nacht.
Meine Finger sind steif mir,
habt ihr Holz mitgebracht?

3. HIRTE: Rückt doch näher zusammen,
die Nacht ist noch lang.
Hört die Hunde ihr bellen?
Mein Herz ist so bang.

4. Hirte: Hört! Ein Klingen, ein Rauschen,
vom Himmel ein Schein.
Hört! Ein Schallen, ein Brausen,
der Himmel stürzt ein!

Engel: Fürchtet euch nicht!
Ich bringe gute Nachricht für euch,
über die sich alle Menschen freuen werden.
Heute wurde in der Stadt Davids euer Retter geboren:
Christus, der Herr!
Überzeugt euch selbst: Ihr werdet ein Kind finden,
in Windeln gewickelt; es liegt in einer Futterkrippe.
Ehre sei Gott in der Höhe und Frieden auf Erden!

1. Hirte: Die Engel, die Engel!
Sie fliegen empor!
Ein Jubeln, ein Klingen!
Mir tönt's noch im Ohr!

2. Hirte: Nun werden sie kleiner,
ich seh sie nicht mehr.
Wir sind ganz alleine,
das Feld ist so leer.

3. Hirte: Wißt ihr noch die Worte?
Der Heiland ist da!
Wir sollen zum Kind gehn,
das ist uns ganz nah!

4. Hirte: Was soll'n wir ihm schenken,
wir Hirten vom Feld?

1. Hirte: Bringt Wolle, ein Lämmchen
dem Heiland der Welt!

2. Hirte: Wir lassen die Schafe
allein auf dem Feld.

Alle: Kommt alle zur Krippe,
zum Heiland der Welt!

Am Morgen nach der Heiligen Nacht

(Im Hintergrund der Bühne oder vor dem Altar sitzt Maria an der Krippe.)

JOSEF: Ich muß einfach mal raus! Die ganze Nacht über habe ich kein Auge zugetan. Was war das bloß für ein Lärm an der Krippe? Das ganze schöne trockene Heu, das uns gestern der Wirt noch mitgegeben hatte, ist festgetrampelt! Und dann all die Tiere im Stall!
Ochs und Esel waren ja ganz friedlich, aber diese Dorfköter und die Schafe vom Feld. Die blieben stundenlang an der Krippe stehen, überall lag der Schafsdreck herum. Ich hatte noch nicht mal einen Besen, um alles sauberzumachen.
(Er schiebt mit dem Fuß etwas fort!)
Und erst hier draußen vor dem Stall! Festgetrampelt das schöne Gras! Und der Kamelmist! Wie das stinkt! – Was war das doch für ein schöner Duft heute nacht! Nach Weihrauch und Myrrhe hat es geduftet. Und der Glanz in dem Stall! Wie die Kronen blinkten! Ich kam mir vor wie in einem richtigen Königspalast. Nun ist alles vorbei! Und der Stern funkelt auch immer schwächer. Da, die Sonne steigt schon hoch!
(Schritte sind zu hören.)
Wer kommt denn da übers Feld?
Ach, der Wirt, der uns gestern abend in den Stall geführt hat.

WIRT: Verzeiht, Herr, wenn ich euch so früh störe. Überall in Bethlehem erzählen die Leute, daß etwas Wunderbares bei euch im Stall passiert ist. Ich könnte mich jetzt noch ärgern, daß ich euch nicht unser Zimmer gegeben habe! Meine Frau läßt auch schön grüßen und schickt euch Tücher und warme Milch für das Kind. Wenn ich das alles geahnt hätte, wir wären in die Rumpelkammer gezogen! Hoffentlich habt ihr's warm gehabt im Stall.

JOSEF: Macht euch keine Sorgen, Herr, wir haben nicht gefroren. Es waren ja so viele Tiere im Stall. Die haben uns gewärmt. Außerdem hatten wir ja auch die warmen Kameldecken der drei Könige, seht nur!

WIRT: Was, Könige sind hier gewesen? Und nicht bei mir abgestiegen? Das wäre ein tolles Geschäft gewesen. Ich hätte mein Haus gleich umbenannt: „Herberge zu den drei Königen"! Wo sind die denn hingeritten? Ich sehe nur noch die Spuren von den Kamelen und Pferden.

JOSEF: Sie hatten es auf einmal sehr eilig. Ich war ganz traurig, daß sie nicht länger geblieben sind. Als sie die Kronen und das Gold an der Krippe niedergelegt und gebetet hatten, ließen sie gleich die Tiere satteln und sind davongejagt, als ob sie in Gefahr wären. Das kam mir ganz unheimlich vor! Ich hab mich kaum bedanken können. Sie hätten mich auch gar nicht verstanden, denn sie sprachen ja eine ganz fremde Sprache.

WIRT: Was für eine Sprache? So, wie die Römer sprechen?

JOSEF: Nein, ganz anders! Ich hab mal Kaufleute so sprechen hören; die kamen weit aus dem Osten, von den großen Strömen. Und der eine ist vielleicht aus Ägypten oder Afrika gekommen, er war ganz dunkel im Gesicht.

WIRT: Aber das viele Geld! Jetzt seid ihr ja reiche Leute, und vielleicht möchtest du dich gar nicht mehr mit einem armen Wirt aus Bethlehem unterhalten.

JOSEF: Ach, was redest du da! Du hast uns doch den warmen Stall gegeben. Die anderen Wirte haben uns alle sofort abgewiesen.

Außerdem bin ich froh, daß ich mit jemand reden kann. Es kommt mir heute morgen so vor, als ob alles nur ein Traum gewesen wäre. Die Engel, die vielen Stimmen, der Glanz in der Hütte, die Könige. Und alles nur, weil unser kleines Kind heute nacht hier im Stall geboren ist.

WIRT: Aber im Dorf stehen die Leute auf den Straßen und hören nicht auf, davon zu berichten. Es muß ja ein ganz besonderes Kind sein! Schau mal, da kommt einer der Hirten. Der hat auch vor unserem Haus gestanden und wunderbare Dinge von diesem Kind erzählt.

HIRT (scheu): Ihr Herren, sagt nur, wo finde ich den Palast des Königs?

JOSEF: Welchen Palast?

HIRTE: Wo heute nacht das Königskind geboren ist. Und wo all die Könige eingetreten sind mit ihren Kronen und goldbestickten Mänteln, den Dienern und Kamelen. So was hab ich noch nie gesehen.

JOSEF: Meinst du diesen Stall?

HIRTE: Einen Stall? Nein, heute nacht blinkte alles von Gold und Silber. Engel waren auch da. Das muß doch ein Palast gewesen sein! – (zweifelnd) – Nein, ich weiß nicht, so ein schäbiger Stall? – Allerdings, ich habe mich auch gewundert, daß ein Königskind nicht in einem weißen Bett liegt und daß Ochs und Esel auch in einem Schloß sein dürfen. Aber Könige haben ja oft merkwürdige Gewohnheiten!

WIRT: Rede bloß nicht so laut! Herodes hat seine Späher überall. Was du hier von dem Königskind erzählst, das ist höchst verdächtig. Der König könnte das sehr übelnehmen. Ihr wißt, er fackelt nicht lange! Wie viele Menschen hat er schon ins Gefängnis werfen lassen!

HIRTE (erschrocken): Ich bin ja schon still! Ich weiß nicht – vielleicht war es ja auch kein Palast. Die Tür quietschte so laut, und goldene Beschläge hatte sie auch nicht. Aber überall hingen schimmernde goldene und silberne Fäden an den Wänden!

WIRT (lachend): Das werden wohl Spinnweben gewesen sein! Mein Stall hängt voll davon.

JOSEF: Willst du das Kind noch einmal sehen?

HIRT: O ja, ich habe überall nach dem Kind gesucht. Wenn ich es jetzt bloß bei Tageslicht noch einmal sehen könnte! Sonst denke ich noch, ich hätte alles geträumt.

JOSEF: Komm nur, aber sei leise!

MARIA (etwas unwillig): Was wollt ihr drei denn so früh bei meinem Kind? Laßt mich mit ihm allein. Wie viele Menschen werden noch kommen und fragen und zweifeln und wieder fragen. Josef, warte draußen, du mußt das Feuer schüren! Und ihr beiden geht ins Dorf zurück und verkündet allen, was ihr gesehen und gehört habt. Unser Heiland ist heute geboren!

•Wir basteln

In der Adventszeit sollten wir viel Phantasie und Liebe zur Entfaltung bringen, um die Familie oder eine Kindergruppe zu schöpferischem Tun unter Gottes Wort zusammenzuführen. Auch bei der Anfertigung von Geschenken, bei den Weihnachtsbasteleien sollten wir immer wieder neue Ideen entwickeln und den kreativen Kräften der Kinder nachspüren.

Ich erinnere mich daran, daß ich in meiner Kinderzeit sehr ungern gestickt und gestrickt habe. Die gutgemeinte Aufforderung meiner Mutter: „Oma freut sich bestimmt über ein gesticktes Lesezeichen oder ein Nadelkissen“, erzeugte meist heftige Abwehrreaktionen. Viel lieber wollte ich ein eigenes Gedicht schreiben, ein Spiel in Schönschrift aus dem Lesebuch abschreiben, vielleicht sogar einen Gesangbuchvers oder die Weihnachtsgeschichte auswendig lernen.

Von einem Adventskalender besonderer Prägung, der auch als Geschenk für Patentanten und Großeltern geeignet ist, wären deshalb vielleicht viele Kinder begeistert. Hierzu würde ich für jeden Adventstag einen Spruch aus den alttestamentlichen Verheißungen, aus den Psalmen oder dem Neuen Testament auswählen, der das Warten auf den versprochenen Messias, auf den Friedenskönig, die Hoffnung auf das göttliche Licht zum Ausdruck bringt. So würden Worte der Bibel die Adventszeit begleiten. Eine solche „adventliche Losung“ kann an jedem Tag gemeinsam gelesen und besprochen werden.

Damit auch die jüngeren Kinder zu ihrem Recht kommen, werden neben neuen Weihnachtsliedern zusätzlich Rätsel und Beschäftigungsanregungen für die Advents- und Weihnachtszeit eingefügt.

Ein solcher Adventskalender, der weder „aufgegessen“ noch zerschnitten wird, kann auf vielfältige Weise gestaltet werden: Man kann einen großen Stern aussägen und 24 kleine herzförmige oder runde Spanschachteln aufkleben. Selbstklebende Ziffern gibt es in jedem Papiergeschäft. Die Texte werden zusammengefaltet und in die einzelnen Kästchen gesteckt.

Man könnte die Texte aber auch in Briefumschläge legen, sie

mit bunten Bändern an den Adventskranz hängen oder auf ein langes goldenes oder rotes Band kleben. Möglich wäre auch, sie in die Taschen einer großen Nikolaus-Figur aus Filz zu stecken oder in 24 Streichholzschachteln zu legen, die an einem langen Band aufgereiht sind (Anregungen siehe Bastelteil).

Adventskalender am Adventskranz

(Idee und Zeichnungen: Elisabeth Scharafat)

Wir brauchen dazu: 8 kleine Weihnachtsmänner, 8 kleine Esel, 8 Säcke.

Zuerst die Weihnachtsmänner: Schneide von einer Papprolle (aus Haushaltspapier) 5 cm lange Stücke ab, wickele sie in rotes Kreppapier, falte das Kreppapier am unteren Ende zusammen, und klebe ein schwarzes Oval aus Tonpapier als „Schuhsohlen" dagegen. Schneide aus weißem Papier einen Kreis als Gesicht, und male Augen, Nasen und Mund. Klebe es auf die Rolle.

Aus Watte bekommt der Weihnachtsmann einen Bart. Auch der Mützenrand wird mit einem dünnen Wattestreifen geschmückt.

Fülle den Weihnachtsmann mit einer Nuß oder einem Stück Schokolade. Binde den oberen Teil des Kreppapiers zu einer Zipfelmütze zusammen.

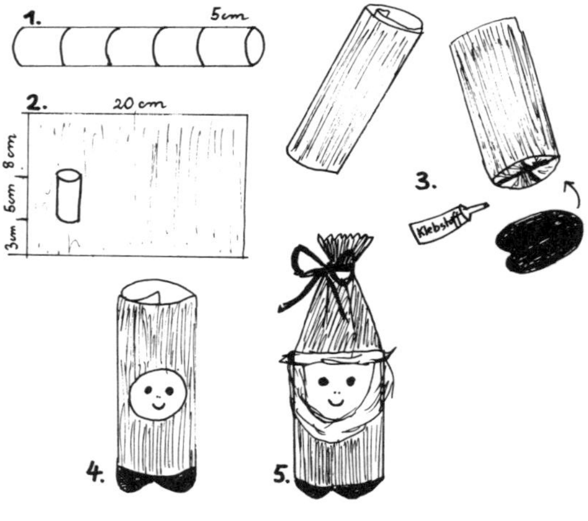

Die Säcke werden so gemacht: Wickele ein 5 cm langes Stück Papprolle in braunes Kreppapier. Klebe den unteren Teil des Kreppapiers so zusammen, daß zwei Zipfel entstehen. Fülle den Sack und binde ihn am oberen Ende zu. Als Schmuck bekommt er einen Stern aus Goldfolie.

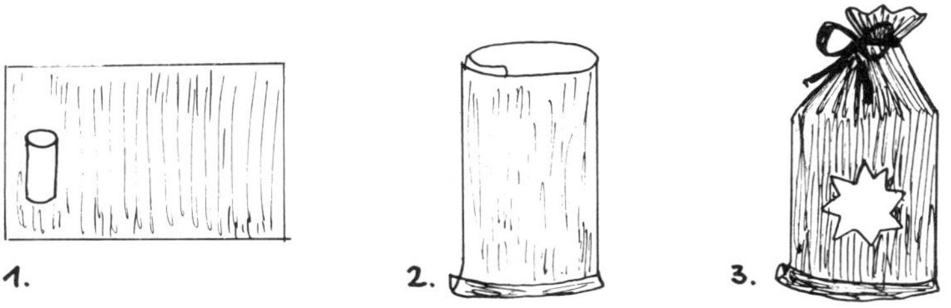

Jetzt sind die Esel an der Reihe: Wickele ein Stück Papprolle (5 cm lang) in graues Kreppapier. Falte das Kreppapier an einem Ende zusammen, und klebe einen Kreis aus grauem Tonpapier darauf. Fülle die Rolle mit Nuß oder Schokolade, und verschließe das zweite Ende wie das erste. Schneide für den Hals einen Streifen aus Tonpapier (2,5 x 4 cm) und falte ihn schräg (s. Zeichnung). Klebe das entstandene Dreieck so an die Rolle, daß die Spitze nach unten zeigt. Schneide als Kopf ein Oval aus Tonpapier, und klebe es an den Hals.

Jetzt bekommt der Esel zwei lange Eselsohren und eine Mähne aus schwarzem Kreppapier. 4 Tonpapierstreifen werden als Beine an den Rumpf geklebt. Ein dünner Streifen mit einem Puschel aus Kreppapier ist der Schwanz.

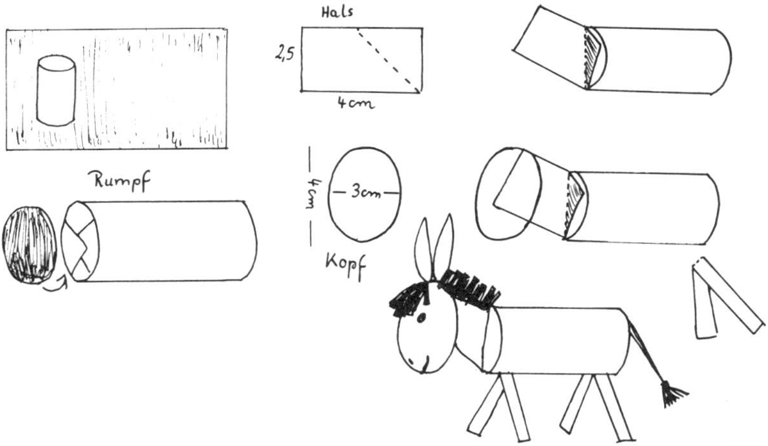

Adventskalender in Hausform oder als Nikolaus

Material und Arbeitsgeräte: Starke Pappe oder Filz, Zeichenpapier, Klebstoff, Schere.

Arbeitsanleitung: Wir malen das Adventshaus in der gewünschten Größe auf starke Pappe auf. Wenn man es aus Filz arbeiten will, schneidet man aus Zeichenpapier zunächst eine Schablone, befestigt sie mit Nadeln auf dem Filz und schneidet dann das Haus aus. Für die einzelnen Fenster kleben wir in der entsprechenden Größe kleine „Briefe“ auf. Man kann fertige Briefumschläge benutzen oder die Briefe selbst zusammenfalten (s. Zeichnung).

In diese Briefe stecken wir unsere Texte, die uns die Adventszeit über begleiten sollen.

Auf die umgeklappte Spitze der Briefe schreiben wir die entsprechende Zahl der Adventstage. Mit einem kleinen Goldstern wird der Brief verschlossen.

Beim Adventshaus aus Filz näht man die entsprechenden „Filztüren“ auf, wobei der obere Rand offen bleibt.

Man kann die fertigen Zahlen im Papiergeschäft als Aufkleber kaufen.

Aus Filz oder Papier kann man auch einen Adventskalender in Form eines Nikolaus basteln (vgl. Abb.). In die Taschen werden kleine Überraschungen gesteckt (Strohsterne, Nüsse, kleine Bilder, Engelshaar, ein kleines Spielzeug).

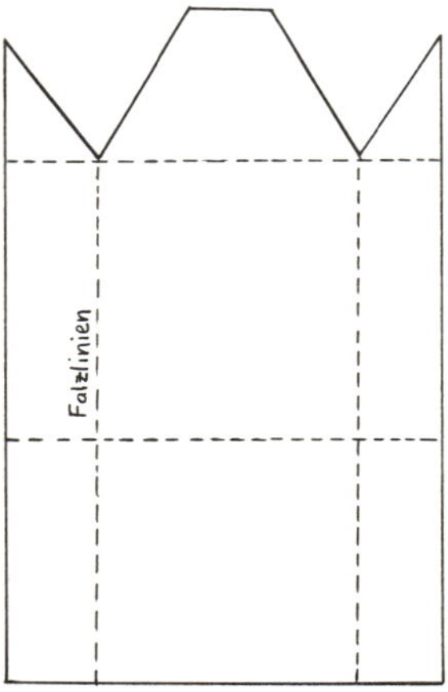

 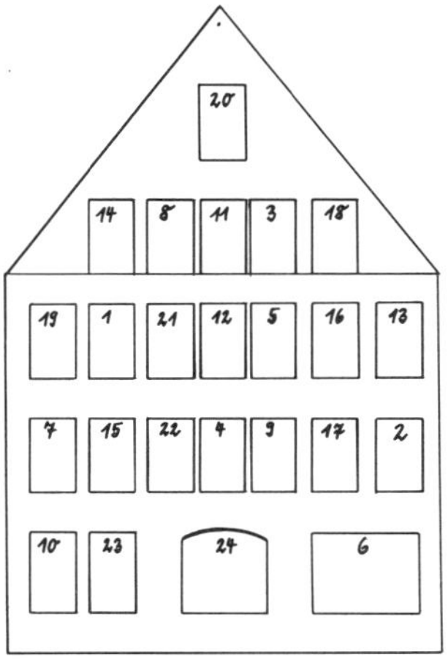

Textvorschläge für den Adventskalender

1. Dezember: Jesaja 9, 2
Das Volk, das im Finstern wandelt, sieht ein großes Licht. Die im Lande des Dunkels wohnen, über ihnen strahlt ein Licht auf.

2. Dezember: Jesaja 51, 4–6
Merke auf mich, mein Volk, gebt mir Gehör, ihr Leute. Denn Weisung wird von mir ausgehen und meine Wahrheit als Licht der Völker. Alsbald naht sich mein Heil, geht aus meine Rettung, und meine Arme richten die Völker. Doch meine Rettung wird auf ewig bestehen, und mein Heil wird nicht aufhören.

3. Dezember: Mose 26, 6
Ich will Frieden schaffen im Lande, und ihr werdet ruhig schlafen, ohne daß euch jemand aufschreckt. Die wilden Tiere im Lande will ich ausrotten, und kein Schwert soll durch euer Land gehen.

4. Dezember: Offenbarung 3, 26
Siehe, ich stehe vor der Tür und klopfe an.

5. Advent: Jesaja 52, 7
Wie lieblich sind auf den Bergen die Füße des Freudenboten, der Frieden verkündigt, gute Botschaft bringt, der Heil verkündigt, zu Zion spricht: Dein Gott ist König.

6. Dezember: Psalm 118, 24
Dies ist der Tag, den der Herr macht, lasset uns freuen und fröhlich sein. O Herr, hilf! O Herr, laß wohlgelingen! Gelobt sei, der da kommt im Namen des Herrn.

7. Dezember: Jesaja 60, 1–2
Steh auf! Spring auf deine Füße! Laß Licht in dein Herz scheinen. Denn es ist Tag, und das Licht geht auf. Der Glanz Gottes geht auf über dir! Schau hin! Finsternis bedeckt die Erde und Dunkel die Völker. Aber über dir strahlt der Herr auf, und sein Glanz breitet sich über dir aus.

8. Dezember: Johannes 2, 8
Die Finsternis vergeht, und das wahre Licht scheint jetzt.

9. Dezember: Jesaja 42, 1–4
Ich werde meinen Boten zu euch senden, meinen Knecht, den ich liebhabe. Ich habe meinen Geist auf ihn gelegt. Er soll die Wahrheit unter die Völker hinaustragen. Er wird nicht schreien und rufen.
Man wird keine Kundgebungen hören auf der Gasse. Er wird das geknickte Rohr nicht zerbrechen und den glimmenden Docht nicht auslöschen. Er wird Wahrheit hinaustragen,
damit Gerechtigkeit auf der Erde geschieht.

10. Dezember: Jesaja 11, 1–3
Nichts blieb übrig von der Herrschaft Davids, von der Familie seines Vaters Isai, als ein abgehauener Stumpf, wie von einem Baum, den man geschlagen hat. Aber aus dem Stumpf wird ein junger Trieb aufschießen, ein Zweig wird aus den Wurzeln aufbrechen: Ein Herrscher, der größer ist als David. Auf ihm wird Gottes Geist ruhen: Weisheit wird er besitzen und Einsicht.

11. Dezember: Jesaja 11, 4–5
Er wird Gottes Weg wissen und Kraft geben, ihn zu gehen. Er wird Gott kennen und ihm dienen. Er wird ein Richter sein über alle Welt und Gottes Urteil ansagen. Er richtet nicht nach dem äußeren Augenschein. Er entscheidet nicht nach dem Gerede der Menschen. Er gibt den Armen das Recht zurück und sorgt für Gerechtigkeit bei allen, die unterdrückt sind im Lande.

12. Dezember: Jesaja 11, 6–8
Zu Gast sein wird der Wolf beim Lamm, und der Panther wird sich lagern neben dem Böckchen. Rind und Löwe werden miteinander weiden. Ein kleiner Knabe kann sie führen. Die Kuh und die Bärin werden sich befreunden und ihre Jungen miteinander spielen. Der Löwe wird Stroh fressen wie der Ochse. Der Säugling wird am Loch der Otter spielen und das Kind seine Hand in das Versteck der Natter stecken.

13. Dezember: Jesaja 11, 9
Nichts Böses wird man tun, keinen Schaden stiften auf meinem ganzen heiligen Berge.
Denn überall im Lande ist Gott nahe, Liebe und Glaube bedecken das Land, wie Wasser über dem Meer liegt und über dem Meeresgrund.

14. Dezember: Jesaja 40, 1–2
Tröstet, tröstet mein Volk, spricht euer Gott. Redet mit der Stadt Jerusalem freundlich und rufet ihr zu, daß ihr Sklavendienst ein Ende hat, daß ihre Schuld abgetragen ist. Denn sie hat Strafe genug empfangen von Gott für alle Sünden.

15. Dezember: Jesaja 40, 3–5
Horch! Es ruft: In der Wüste bahnt einen Weg für den Herrn. Macht in der Steppe eine ebene Bahn unserem Gott. Jedes Tal soll sich heben, jeder Berg und Hügel soll sich senken. Das zerklüftete Land soll eben werden und die schroffen Höhen zum flachen Grund. Denn Gottes Macht soll zu euch kommen. Ihr alle werdet Ihn sehen. Wirklich! Es ist so! Der Mund Gottes hat es gesagt.

16. Dezember: Jesaja 40, 6–8
Eine Stimme sprach zu mir: Rufe! Und ich fragte: Was soll ich rufen? Alle Menschen sind ja wie Gras und alle ihre Pracht wie eine Blume auf dem Feld. Das Gras verdorrt, die Blume welkt, wenn Gottes Windhauch darüber weht! Ja, sprach die Stimme zu mir, Gras ist das Volk! Das Gras verdorrt, die Blume welkt. Aber was Gott gesprochen hat, bleibt in Ewigkeit.

17. Dezember: Jesaja 40, 9–11
Seht auf! Tut die Augen auf! Da kommt Gott selbst! Er kommt mit Macht und wird herrschen über die Erde. Mit ihm kommt sein Volk, das ihm gehört, die Menschen, die sein Eigentum sind. Er weidet seine Herde wie ein Hirte. Er schützt sie in seinem Arm. Im Bausch seines Gewandes trägt er die Lämmer und führt die Schafmütter mit Behutsamkeit.

18. Dezember: Jesaja 63, 15–16
Schaue nun, Herr, vom Himmel. Sieh herab von deiner heiligen, herrlichen Wohnung! Wir Menschen wissen nichts von deiner Macht und sehnen uns doch nach deiner Barmherzigkeit. Du, Herr, bist unser Vater. Von der Urzeit her warst du der Erlöser für die, die dich suchten.

19. Dezember: Jesaja 63, 17
Komm wieder zu deinen Knechten, und besuche dein Volk, das dir gehört! Fast sieht es so aus, als hättest du niemals über dein Volk geherrscht, als hätte man deinen Namen nie über uns genannt.

20. Dezember: Jesaja 64, 1–3
Ach, würdest du doch den Himmel zerreißen! Ach, würdest du doch herabkommen, daß die Berge vor dir dahinschmelzen! Daß sie verglühen wie Reisig im Feuer! Daß sie verdampfen wie siedendes Wasser über der Flamme. Keine andere Hilfe gibt es für die, die dich anrufen, als dich allein. Seit alten Zeiten bist du denen begegnet, die auf deinem Weg nach dir suchten.

21. Dezember: Jesaja 60, 3–4
Könige suchen den Glanz, der über dir aufstrahlt. Hebe deine Augen auf, mein Volk, und sieh umher: Alle, die du siehst, sind unterwegs zu dir. Deine Söhne, die in der Fremde sind, kommen. Deine Töchter, die verlassen waren im fremden Land, wird man auf dem Arm herbeitragen.

22. Dezember: Jesaja 60, 5–6
Du wirst fröhlich sein und strahlen und in Jubel ausbrechen. Dein Herz wird beben und weit werden, wenn die Völker am Meer mit ihrem Reichtum zu dir kommen und man die Schätze der Völker zu dir bringen wird. Aus Saba werden sie kommen. Gold und Weihrauch werden sie bringen und von den Ruhmestaten Gottes reden.

23. Dezember: Psalm 24
Werdet weiter, ihr Tore, werdet höher, ihr uralten Pforten, daß der König einziehe, den wir ehren. Wer ist dieser König, den ihr ehrt? Es ist Gott, der Starke, der Mächtige, der Gott, der den Sieg hat. Werdet weiter, ihr Tore! Werdet höher, ihr uralten Pforten! Der König will einziehen, dem die Ehre zukommt. Wer ist dieser König, den ihr ehrt? Es ist Gott, der Herr der Welt. Ihm steht die Ehre zu, ihm, dem König.

24. Dezember: Johannes 1, 5–12
Christus, das Licht von Gott, leuchtete in der Finsternis, und die Finsternis verstand nicht, daß hier Gott war. Er war wirkliches Licht. Licht aus dem ewigen, liebenden Herzen Gottes, das für jeden Menschen da ist, der in diese Welt kommt. Licht, das ihm zeigen will, woher er kommt und wohin er geht. Er war in der Welt, und die Welt ist durch ihn gemacht, der von sich sagte: Ich bin das Licht! Er war der Hausherr und kam in sein eigenes Haus, aber die darin wohnten, nahmen ihn nicht auf. Doch die, die ihn aufnahmen, die ihn kennen und lieben, machte er zu Kindern Gottes, ihres Vaters im Himmel.

Weihnachtliches Transparent für das Fenster

Material und Arbeitsgeräte: Schwarzer Zeichenkarton (große Bögen), Transparentpapier in verschiedenen Farben, Alleskleber, Schere, Schneidemesser für Papier, sauberer Stofflappen.

Arbeitsanleitung: Zunächst entwerfen wir das weihnachtliche Motiv auf einem Zeichenblock. Wir malen die Figuren in großen, klaren Formen und achten darauf, daß sich die Linien der einzelnen Figuren möglichst nicht überschneiden. Dann übertragen wir die Zeichnung auf das größere Format eines schwarzen Zeichenkartons. Jede Linie wird im Abstand von 3 bis 5 mm doppelt gezogen. Mit einer spitzen Schere oder dem Papierschneidemesser schneiden wir dann die Figuren aus. Nur die Konturen bleiben stehen. Nun bestreichen wir die Rückseite des Kartons Stück für Stück mit Klebstoff und legen in der entsprechenden Farbe Transparentpapier darüber. Mit dem Stofflappen drücken wir es vorsichtig fest. Durch Überkleben verschiedenfarbiger Transparentpapiere kann man die unterschiedlichsten Farbabstufungen erreichen. Die überstehenden Kanten schneiden wir vorsichtig mit der Schere entlang den Umrißlinien ab.

Am besten nimmt man für das Transparent helle, leuchtende Farben, die auch an trüben Wintertagen genügend Licht durchlassen.

In einer Gruppe kann man verschiedene Szenen aus der Weihnachtsgeschichte gestalten und zu einem großen, leuchtenden Weihnachtsbild zusammenfügen. Das abgebildete Transparent-Fenster wurde von einer Gruppe vierzehnjähriger Schüler der Hauptschule Heikendorf unter der Leitung von Konrektor E. Herrnfeld gestaltet.

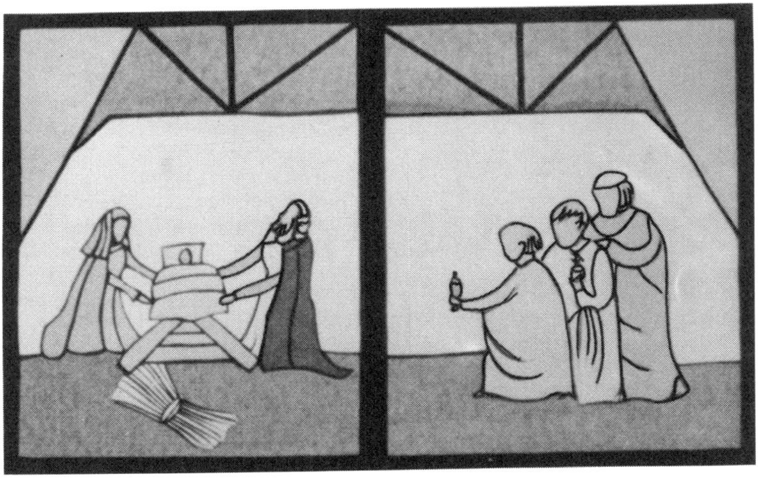

Drückfolienarbeiten

(Idee: Sigrid Helle)

Material und Arbeitsgeräte: Drückfolie (Alufolie) – erhältlich in Bastlergeschäften in den Farben Gold, Silber oder Kupfer –, Zeichenkarton oder unbedruckte Briefkarten, Schere, Alleskleber, Zirkel, Lineal (Geodreieck), Kugelschreiber.

Arbeitsanleitung: Die Drückfolienarbeiten eignen sich als Verzierung für Weihnachtskarten und Geschenkanhänger. Entsprechend schneidet man aus weißem Zeichenkarton zuerst die Briefkarten bzw. die Geschenkanhänger zu. Für Briefkarten eignet sich am besten das Format 5 x 10 cm. Auf die Hälfte gefaltet, gibt es dann kleine Klappkarten.

Die Drückfolie (oder auch Alufolie) wird dem Kartenformat oder dem Anhängerformat (5 x 5 cm) entsprechend zugeschnitten.

Für das Muster fertigt man einen Entwurf in Originalgröße an. Gut geeignet sind symmetrische Formen, die man mit Zirkel und Geodreieck entwerfen kann. Den Entwurf legt man auf die Drückfolie und zeichnet alle Linien mit einem Kugelschreiber nach, so daß sich das Muster auf der Rückseite der Folie erhaben abzeichnet. Das gelingt am besten, wenn man die Arbeit auf einer weichen Unterlage ausführt (Zeitung). Zum Schluß die Folie so auf die vorbereitete Karte kleben, daß die Muster mit der erhabenen Seite nach *oben* zeigen.

Weihnachtsfaltkarte

(Idee und Zeichnungen: Elisabeth Scharafat)

Material und Arbeitsgeräte: Festes Zeichenpapier, hellgrünes, dunkelgrünes und goldenes Papier, Zirkel, Schere, Klebstoff.

Arbeitsanleitung:
Wir schneiden aus festem Zeichenpapier ein Rechteck aus (doppelte Postkartengröße) und falten es in der Mitte.

Aus dunkel- und hellgrünem Buntpapier schneiden wir dann insgesamt 5 Halbkreise von unterschiedlicher Größe aus. Danach falten wir jeden Halbkreis zu einem Fächer (s. Zeichnung). Den größten Fächer kleben wir nun mit den Außenkanten in die Faltkarten hinein, danach die kleineren, bis ein Tannenbaum entstanden ist. Ihn verzieren wir noch mit goldenen Sternen.

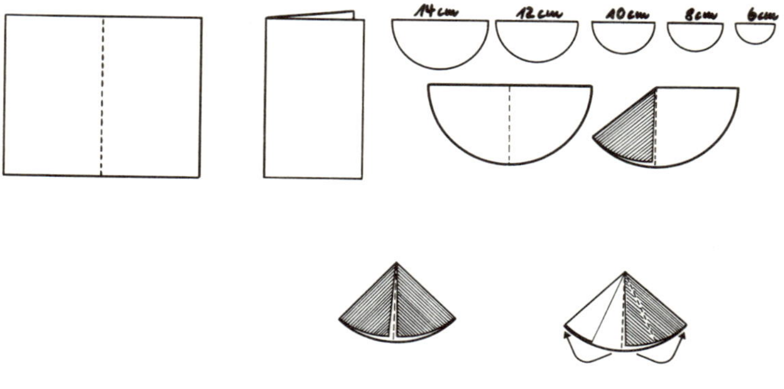

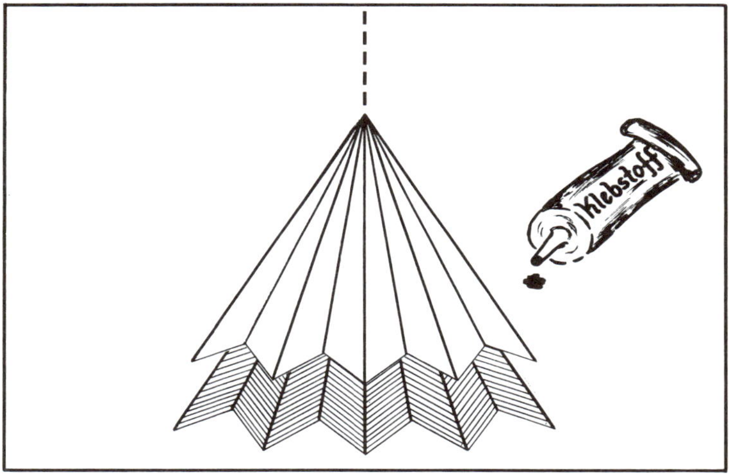
Klebstoff

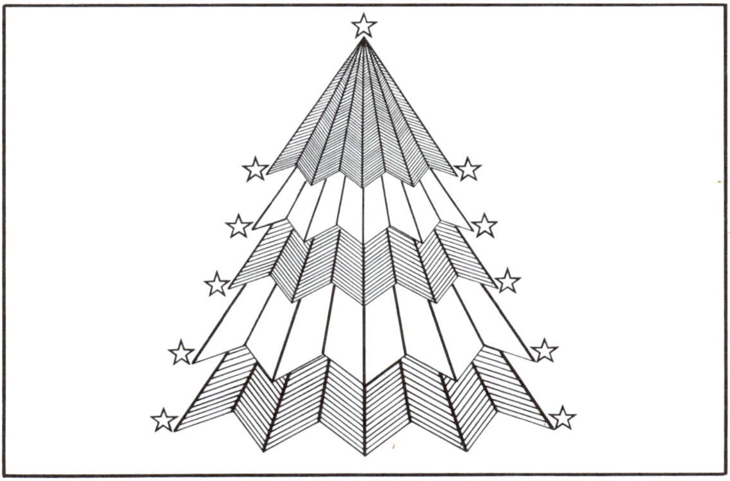

Weihnachtsbriefkarte mit Linoldruck

(Idee und Zeichnungen: Elisabeth Scharafat)

Material und Arbeitsgeräte: Tonpapier, Schreibpapier, Linoleum, Linoldruckfarbe, Blaupapier, Klebstoff, Schere, Bleistift, Linolschnittmesser, Gummiwalze, Glasplatte.

Arbeitsanleitung:
Zuerst schneidet man aus Tonpapier die Karten zu (21 x 7,5 cm) und faltet sie in der Mitte.

Ein Linoldruck soll unsere Karten schmücken. Arbeitsgang: Auf ein Stück Papier (9 x 6 cm) zeichnet man ein weihnachtliches Motiv, z. B. Tannen, Häuser, Sterne . . . Dieses Motiv wird mit Hilfe des Blaupapiers auf Linoleum übertragen. Jetzt schneidet man die Linien mit einem dünnen Schneidemesser aus dem Linoleum heraus. Für größere Flächen benutzt man rundgeformte Messer.

Mit einer Gummiwalze wird Linoldruckfarbe gleichmäßig auf den Linolschnitt aufgetragen (zum Einfärben der Walze benutzt man die Glasplatte). Ein Probedruck zeigt, ob alle Linien deutlich sichtbar sind. Notfalls muß der Linolschnitt noch einmal überarbeitet werden, z. B. Linien vertieft und Flächen sauber ausgehoben.

Jetzt werden die Vorderseiten der Faltkarten (rechte Seite) mit dem Linolschnitt bedruckt.

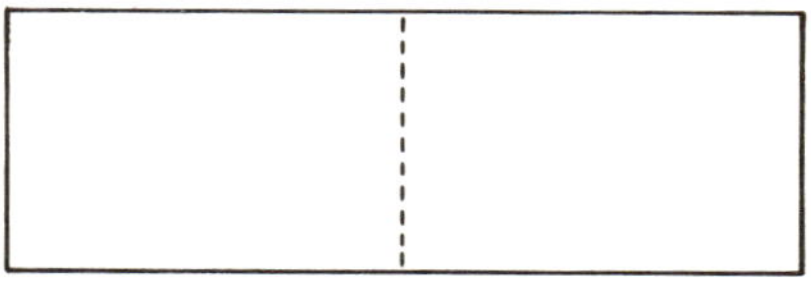

Während die Drucke trocknen, werden die Schreibbögen zugeschnitten und gefaltet (20 x 17 cm). Das Falten geschieht so: Mit zartem Bleistiftstrich nimmt man die Einteilung am Rande des Bogens vor (s. Zeichnung). Das Blatt wird dann in der Mitte (– – –) gefaltet, geöffnet und umgewendet. Jetzt werden die anderen Linien gefaltet und wieder geöffnet (a), danach die Diagonalen (rechts und links bleiben 1,5 cm) (b). Die in der Zeichnung markierten äußeren Teile der Diagonalen werden „umgekehrt", so daß sie erhaben sind. Schließlich wird das Blatt zusammengelegt (c-e) und mit der Vorder- und Rückseite (schraffiert) in die Faltkarte eingeklebt.

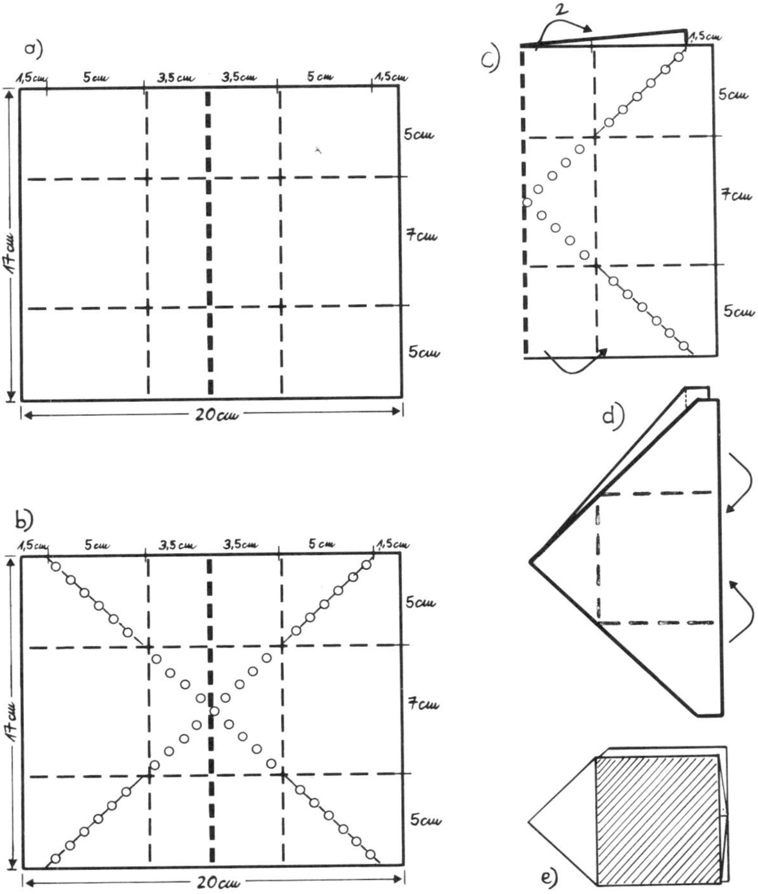

Klappschnitt

(Idee und Zeichnungen: Sigrid Helle)

Material und Arbeitsgeräte: Unbedruckte Briefkarten oder Zeichenkarton, Tonpapier, Schere, Alleskleber.

Arbeitsanleitung: Aus dem Zeichenkarton werden Briefkarten geschnitten. Alle Motive des Klappschnitts sind an einer Symmetrie- oder Spiegelachse orientiert, in diesem Fall am besten an der senkrechten Mittellinie der Briefkarte (möglich ist auch die waagrechte Mittellinie). Das Tonpapier wird entsprechend der Spiegelachse auf das halbe Kartenformat zugeschnitten (1).

Als Motiv eignen sich natürlich nur symmetrische Figuren. Diese werden am besten im Faltschnitt hergestellt und längs ihrer Symmetrieachse halbiert. Dann legt man sie auf das Tonpapier, zeichnet eine Hälfte auf und schneidet sie aus (2). Nun wird der ausgeschnittene Teil in die freie Hälfte der Karte „geklappt". Beim Aufkleben müssen die Schnittkanten der Symmetrieachse sowohl vom Rahmenteil als auch vom Motivteil streng in einer geraden Linie liegen (3).

Will man das Motiv stärker auflockern, kann man das durch konzentrische Figuren erreichen (4). Eine weitere, sehr wirkungs-

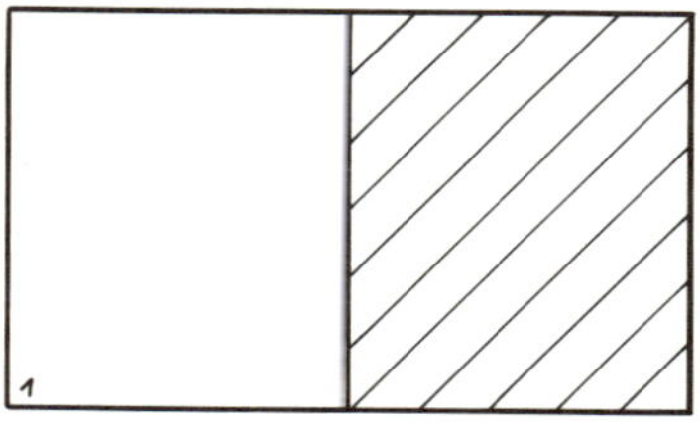

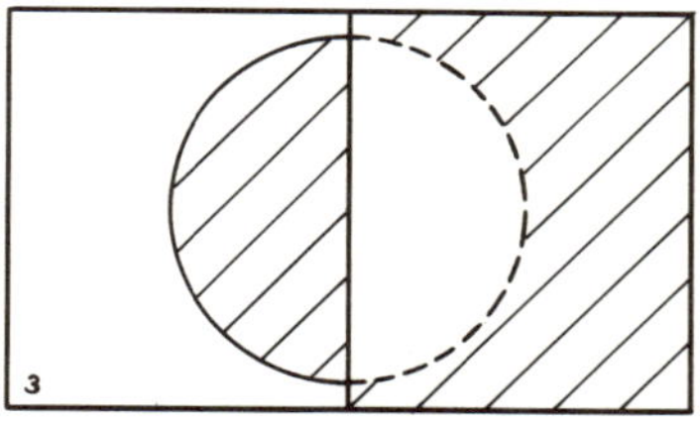

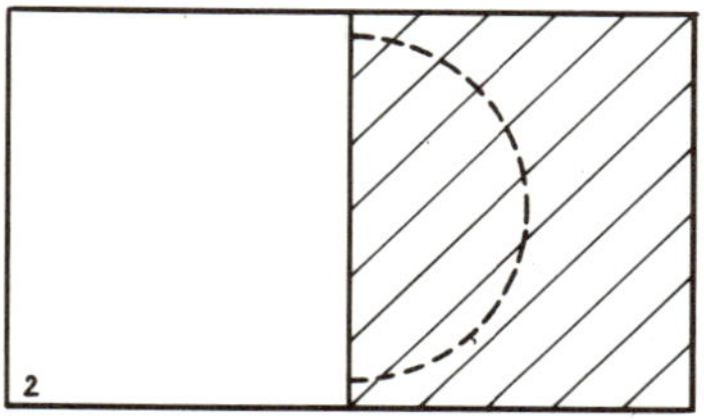

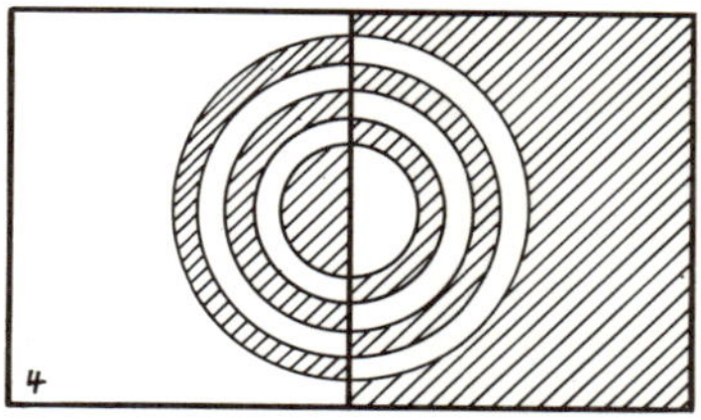

volle Variante bekommt man, wenn man für Tonpapier und Karte unterschiedliche Farben wählt, z. B. die Karte dunkelblau, das Motiv hellblau.

Frottage (Durchreibetechnik)

(Idee und Arbeitsmuster: Sigrid Helle)

Material und Arbeitsgeräte: Briefkarten oder Zeichenkarton, Ingres-Büttenpapier in einer dunklen Farbe (oder anderes farbiges Papier mit leicht rauher oder strukturierter Oberfläche, jedoch nicht dicker als Zeichenpapier), weißer Wachsmalstift (oder Wachsmalblock), Pappe (Zeichenblockrückseite oder Schuhkarton), kräftige Schere, Alleskleber.

Arbeitsanleitung: Zuerst werden die Briefkarten aus Zeichenkarton zugeschnitten.

Aus dem farbigen Ingres-Büttenpapier schneidet man Rechtecke im gleichen Format wie die Briefkarten. Nun stellt man sich eine Schablone her, indem man auf ein Stück Pappe im Kartenformat ein ebenfalls aus Pappe ausgeschnittenes Motiv aufklebt, z. B. einen Stern. Der Stern liegt dann reliefartig höher als der Untergrund. Darauf kommt es bei der Frottage an.

Nun legt man ein Blatt Ingres-Papier auf die Schablone und reibt mit dem Wachsmalstift mehrfach vorsichtig über das Papier (wenig Druck; gut festhalten, damit sich das Papier auf der

Pappschablone nicht verschiebt). Allmählich wird so der Stern als Weißzeichnung auf dem farbigen Untergrund erscheinen.

Das fertige Blatt wird dann als Deckblatt auf die Briefkarte geklebt.

Als Schablone kann man auch gut einen in Pappe angefertigten Klappschnitt verwenden (siehe dort). Der helle und der dunkle Engel sind z. B. so entstanden.

Wir basteln Krippenfiguren

Die Geschichte von der Heiligen Familie, die uns von Trost, Geborgenheit und Liebe inmitten der dunklen Welt erzählt, hat in vielen Darstellungen großer Künstler ihren Ausdruck gefunden. Franziskus hat sie in der Form der Krippe dargestellt, so wie sie auch heute noch in südlichen Ländern in vielen Dörfern auf dem Dorfplatz mit großen Pinienbäumen, Moos, kunstvoll geleiteten Bächen und wunderbar geschnitzten Holzfiguren unter freiem Himmel aufgebaut wird.

Mit Kindern eine Krippe zu gestalten, ist eine schöne Aufgabe, die jede Adventszeit sehr bereichern kann. Beim Schnitzen und Modellieren, beim Bau des Stalles kann die Familie oder eine Kindergruppe zueinander finden. Wir holen auf diese Weise das Weihnachtsgeschehen in unser Haus hinein, wie es in einem Weihnachtslied heißt: Komm nun, weihnachtlicher Geist, in unser Haus.

Ich habe oft Gruppen von Jugendlichen erlebt, die nur schwer zu konzentriertem Tun zu bewegen waren. Bei der Arbeit an einer großen Krippendarstellung aus Baumrinden mit geschickt angebrachten Lichtern, Moos, Ästen wurden aber auch sie motiviert, weil sich u. a. auch ihre handwerklichen Fähigkeiten entfalten konnten. Während der ganzen Adventszeit war diese Krippe von Kindern umlagert, die sich an den vielen Tieren, an Hirten und Königen erfreuten. Obwohl an dieser Schule sonst vieles leichtfertig beschädigt wurde, ging im Laufe der Adventszeit nicht eine einzige Krippenfigur verloren. Die Jugendlichen hüteten mit Argusaugen „ihre Krippe“ und wickelten nach dem Fest ganz sorgsam jede Figur wieder in Seidenpapier ein, um sie im nächsten Jahr wieder aufbauen zu können.

Ich habe eine ganze Reihe von Krippen zusammengetragen, die von Kindern in Zusammenarbeit mit Erwachsenen modelliert wurden. Viele der Figuren entstanden aus Ton, der allerdings in einem Brennofen gebrannt werden muß. Jüngere Kinder verlangen nach Farbe und Glanz; ihnen ist die matte Tonfarbe nicht „prächtig“ genug. Sie durften die Figuren nach dem Brennen vorsichtig (Engel nur blau und gelb) mit Plakafarben anmalen und mit Zaponlack verschönern, wobei man sehr darauf achten muß, daß die Figur im Ergebnis nicht zu bunt und unruhig wird. Besonders die Engel sehen in dem matten Glanz der Kerzen auch als einzelne Lichtträger sehr schön aus. Man kann aber auch aus moderner Modelliermasse, die z. T. im Backofen gebrannt werden kann, aus Holz, Steinen und Papier Krippenfiguren herstellen.

Krippenfiguren aus Ton

Material und Arbeitsgeräte: Ton, großer Tisch, glattes Brett als Arbeitsunterlage. Als Modellierwerkzeuge: Bleistift, Streichhölzer, Fingernagelfeile. Ein Brett zum Trocknen der fertigen Figuren, angefeuchteter Schwamm.

Arbeitsanleitung: Zuerst decken wir den Tisch mit Plastik oder Packpapier ab, legen Arbeitsbrett und Werkzeuge bereit und schneiden ein Stück Ton vom Tonballen ab. Der restliche Tonklumpen muß luftdicht (in Plastik) verschlossen werden, damit er nicht austrocknet.

Für eine Krippenfigur (Maria, Josef, Könige, Hirten) formen wir aus dem Tonklumpen eine dicke Rolle in der Höhe der fertigen Figur. Wenn die Figur knien soll, kann man die Rolle knicken. Jetzt arbeiten wir zuerst den Kopf aus, dann die Schultern und Arme, zuletzt den Rumpf und die Beine. Um einen Mantel zu modellieren, drücken wir mit beiden Daumen von unten in die Form hinein und weiten den Saum vorsichtig.

Damit der Ton gleichmäßig trocknet, schaben wir aus dem Innern der Figur etwas Ton heraus. Mit einem Modellierholz kann man Augen, Mund und Nase oder bei Schafen das Fell andeuten. Mit angefeuchteten Fingerspitzen (Schwamm) kann man den Ton glattstreichen.

Die Figuren müssen mehrere Tage an einem schattigen, luftigen Platz trocknen. Sie werden haltbarer, wenn man sie in einem Brennofen bei 900°C brennt.

Die Krippenfiguren können in der schönen natürlichen Tonfarbe bleiben. Wer sie lieber farbig haben möchte, kann Plakafarbe benutzen. Die Könige sollten schöne bunte Gewänder tragen; die Engel würde ich mit gelber und blauer Farbe anmalen. Für die Maria würde ich eine blaue Grundfarbe wählen; sie könnte ein rotes Tuch tragen.

Spansternchen als Tannenbaumschmuck

(Idee und Zeichnungen: Elisabeth Scharafat)

Material und Arbeitsgeräte: Spanstreifen (Bastlergeschäft), Schere oder scharfes Messer, Alleskleber.

Arbeitsanleitung: Wir schneiden von einem Spanstreifen sechs 5 cm lange Stücke ab. An der unteren Kante wird der Spanstreifen rund, oben spitz zugeschnitten. Dann kleben wir die einzelnen „Strahlen“ kreisförmig aufeinander.

Wenn Licht auf unseren Stern fällt, bleibt seine Mitte dunkel, und die Spitzen leuchten hell.

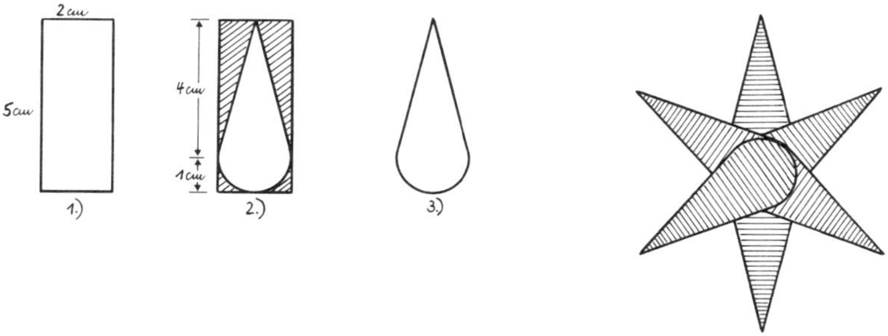

Weihnachtsbild oder -karte mit Filzschmuck

Material und Arbeitsgeräte: Filzreste, Zeichenkarton, Bleistift, Schere, Alleskleber.

Arbeitsanleitung: Wir entwerfen zunächst auf Papier ein weihnachtliches Motiv. Es sollte klare Umrisse haben. Gut geeignet sind eine Kerze, die Blüte eines Weihnachtssterns mit Blättern, ein Tannenbaum mit einigen Kerzen. Dann übertragen wir das Motiv auf Filz und schneiden es aus. Besonders schön wirkt das Bild, wenn wir verschiedenfarbigen Filz nehmen. Die gelbe Kerzenflamme würde gut zu einer roten oder blauen Kerze passen.

Wir kleben die einzelnen Teile vorsichtig auf leichten Karton. Man kann auch noch den Rand des Weihnachtsbildes oder der Weihnachtskarte mit einer Schmuckkante aus Filz verzieren.

Zum Jahresanfang

Zum Neuen Jahr

Text: Barbara Cratzius
Mel.: Herbert Ring

In meiner Arbeit mit Kindergruppen verschiedener Altersstufen habe ich immer wieder die Bonhoeffer-Worte an den Anfang des neuen Jahres gestellt:

> Von guten Mächten wunderbar geborgen
> erwarten wir getrost, was kommen mag.
> Gott ist mit uns am Abend und am Morgen
> und ganz gewiß an jedem neuen Tag.

Auch Psalm 121, 8 kann uns auf dem Weg in das neue Jahr begleiten: Der Herr behüte deinen Ausgang und Eingang, von nun an bis in Ewigkeit. Der jeweiligen Altersstufe entsprechend wählt man eine geeignete Übersetzung.

So gehen wir mit der Hoffnung auf die Führung Gottes getrost und zuversichtlich in das neue Jahr (s. Lied: Wenn der Herr mein Hirte ist).

•Wir erzählen

Die Neue aus Spanien

„Mami, wir haben eine Neue in der Klasse, aus Spanien, Carmen heißt sie. Sie ist viel größer als wir, schon zwölf Jahre, und sie muß noch mal zu uns in die 3. Klasse gehen! Das sieht vielleicht komisch aus, wenn wir uns aufstellen. Als ob sie gar nicht dazugehört!“, erzählt Claudia aufgeregt, als sie aus der Schule kommt.

„Seid lieb zu ihr, damit sie sich nicht so fremd bei euch fühlt!“, sagt die Mutter. „Es ist bestimmt gar nicht so leicht für Carmen, sich bei uns zu Hause zu fühlen!“

„Sie kommt aus Süd-Spanien, aus Andalusien. Da ist es im November fast so warm wie bei uns im Juli!“, erklärt die Lehrerin der Klasse. – Carmen mag in der Pause auch gar nicht auf den kalten, regnerischen Hof gehen; am liebsten verkriecht sie sich ganz nahe an die Heizung.

„Ich glaube, wir machen Carmen eine große Freude, wenn zwei von euch in der Pause mit ihr oben bleiben und versuchen, im neuen Lesebuch für Ausländer weiterzuarbeiten!“, sagt die Lehrerin. „Ich habe ja während des Unterrichts immer nur ein paar Minuten Zeit für sie. Wer möchte denn für Carmen eine Woche lang in der großen Pause die Lehrerin sein? In der nächsten Woche kommen dann zwei andere Kinder an die Reihe!“

„Ich, ich! Dürfen wir anfangen?“, rufen Britta und Claudia begeistert.

„Dann kann ich ja einen richtigen Arbeitsplan aufstellen“, meint die Lehrerin. „Wenn ich so viele freiwillige Helfer habe!“

Sogar am Nachmittag wollen Petra und Britta die neue Mitschülerin zu Hause besuchen und Schularbeiten mit ihr machen.

In den ersten Wochen läuft auch alles sehr gut. Carmen ist nicht mehr so schüchtern und zurückhaltend. Sie baut nicht mehr ängstlich eine „Burg“ aus Büchern und Heften um sich herum, sondern meldet sich schon mal ab und zu. Besonders die Matheaufgaben scheinen ihr Spaß zu machen. Bei den reinen Zahlenaufgaben, beim Abziehen und Zuzählen, ist sie sogar einmal Rechenkönigin geworden.

„Nur Mengenlehre und die Textaufgaben, das ist noch zu schwer für dich, nicht wahr, Carmen?“, seufzt die Lehrerin.

Allmählich läßt der Eifer der kleinen Lesehelfer nach. „Wir wollen doch auch mal Pause haben und unten spielen“, beschwert sich Ingrid.

„Meine Mutter hat gesagt, ich brauche in der Pause frische Luft!“, ruft Kerstin.

Auch am Nachmittag bekommt Carmen nicht mehr so oft Besuch von ihren Klassenkameraden. Sie ist nun wieder viel öfter mit den anderen Gastarbeiterkindern zusammen, die in ihrer Nähe wohnen. Die wenigen Stunden am Vormittag reichen aber nicht aus, um in der deutschen Sprache sicher zu werden.

„Ich kann dir in Deutsch gar keine Zensur im Zeugnis geben!“, sagt die Lehrerin. „Da kann ich nur ‚teilgenommen‘ schreiben.“

„Aber in Kunst und Handarbeit wirst du wohl eine ‚1‘ bekommen!“, ruft Svenja. „Ich war neulich mal bei Carmen zu Hause. Da hat sie gerade eine wunderschöne Decke gestickt; mit Hohlsaum und ganz gleichmäßigen, sauberen Kreuzstichen. Das würde ich nie so schön hinbekommen. Carmen will mir mal die Stiche an einer Serviette erklären.“

„Hast du denn in deinem Dorf bei Granada auch immer so schön gestickt?“, fragt die Lehrerin.

„Wir immer vor Haus sitzen auf Stuhl, ganzes Jahr, alle sticken: Schwester, Mutter, Großmutter“, sagt Carmen. „Decken verkaufen an Touristen, gut Geld für große Familie. Ich schon sticken mit vier Jahren.“

„Bring mal morgen die Decke mit“, sagt die Lehrerin.

Am nächsten Tag ist die ganze Klasse begeistert über die wunderschönen Muster und die sauberen Stiche: gleichmäßig reiht sich Ornament an Ornament. „Fast wie mit der Maschine gestickt sieht das aus!“, sagt die Lehrerin. „So schön kriegen wir das bestimmt nicht hin! Aber willst du uns nicht ein paar einfache Stiche für ein Lesezeichen oder eine Serviette beibringen?“

„Sehr gern!“, sagt Carmen. In der nächsten Handarbeitsstunde darf sie an die Tafel gehen und mit bunter Kreide die Muster anzeichnen.

„Carmen, komm mal bitte her. Ist das richtig so?“, fragt Svenja. „Welche Farbe soll ich jetzt nehmen?“ – „Wie befestigt man die Fäden auf der linken Seite?“

Die Fragen schwirren durcheinander, und Carmen gibt bereitwillig Auskunft.

„Carmen, kommst du heute nachmittag zu uns nach Hause? Dann können wir die Lesezeichen und die Buchhülle noch zu Ende sticken!“, bittet Janne.

„Und könntest du mir noch mal die Tiere zeichnen? Ich male sie dann bunt!“, bittet Karin. „Das ist das letzte Bild für den Kalender für meinen Opa.“

„Ich glaube, jetzt ist Carmen jeden Nachmittag ausgebucht!“, lacht die Lehrerin.

„Nun wollen wir uns aber auch noch für sie selbst etwas einfallen lassen!“

„Da finden wir schon was!“, meint Gesa zuversichtlich. „In unserer Tischtennismannschaft fehlt noch einer!“ – „Und Flötenspielen bringen wir ihr auch noch bei“, versprechen Claudia und Britta.

„Vielleicht gefällt es ihr eines Tages so gut bei uns, daß sie gar kein Heimweh mehr nach Spanien hat!“, ruft Janne.

•Wir singen und beten

Text: Barbara Cratzius
Melodie: Herbert Ring

Neues Jahr

2. Herr, du wirst an jedem Tag liebend mir begegnen
und auf allen meinen Wegen leiten mich und segnen.

Text: Barbara Cratzius
Melodie: Herbert Ring

Neues Jahr

Ostinate Begleitung

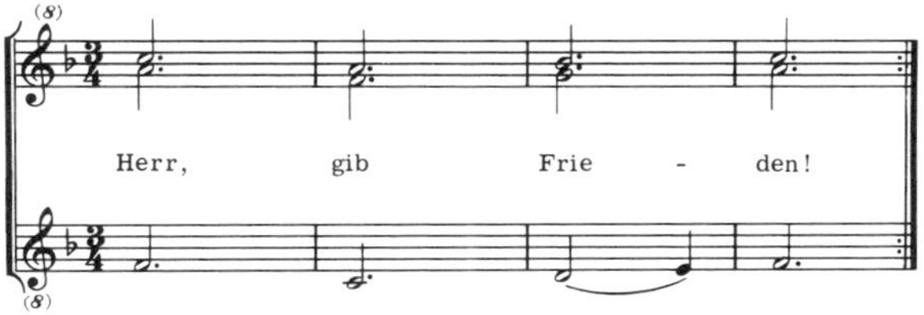

Zum neuen Jahr

1. Wer hat die Erde uns geschenkt,
   die Luft, das tiefe Meer?
   Wer zeigt den Sternen ihren Lauf
   und führt die Sonne her?

2. Wer spannt den Himmel wie ein Zelt
   und läßt das Korn gedeihn?
   Wer krönt mit Fülle Jahr um Jahr,
   wer reicht uns Brot und Wein?

3. Wer schuf das Leben auf der Welt,
   wer hat auch mich erdacht?
   Wer lenkt in Gnaden meinen Weg,
   beschützt mich Tag und Nacht?

4. Es kommt ja alles, Herr, von dir,
   aus deiner lieben Hand.
   Herr, führe uns im neuen Jahr,
   schenk Frieden Stadt und Land.

(Auch als Lied nach der Melodie:
Nun danket all und bringet Ehr)

Kleine Gedichte zum neuen Jahr

Friedlos, Herr, sind unsre Tage,
doch du willst uns Frieden schenken,
wirst mit Flügeln uns bedecken
und uns schützen und uns lenken.

(Nach Psalm 91, 4)

Noch liegt im Dunkeln dieses Jahr,
Herr Gott, ich will mich fürchten nicht.
Du bleibst für uns in Angst und Nacht
der Weg, die Hoffnung und das Licht.

Herr, ich seh den Weg vor mir,
du hast es mir zugesagt.
Voll Vertrauen darf ich leben
ganz getrost und unverzagt.

(Nach Jesaja 1, 9)

Heut will ich die Sonne wecken:
Leuchte uns mit hellem Licht!
Gott, ich spüre deine Liebe,
du bist da, ich fürcht mich nicht.

(Nach Psalm 57, 9)

Wenn der Herr
mein Hirte ist (nach Psalm 23)

Text: Barbara Cratzius
Melodie: Herbert Ring

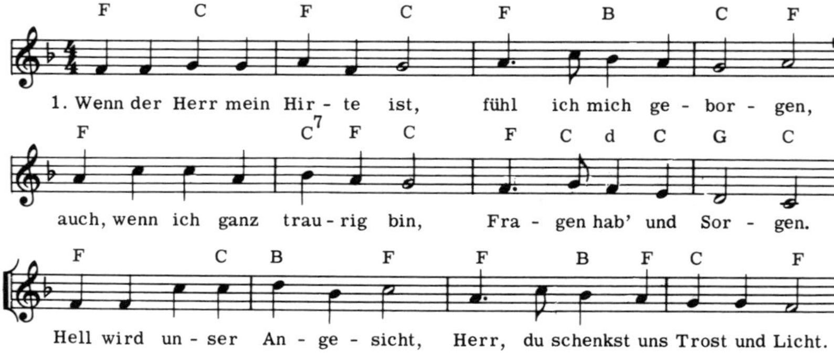

2. Wie der Schäfer jedes Schaf führt auf rechte Straßen,
kann ich sicher sein und mich fest auf ihn verlassen.

3. Wenn der Herr mein Hirte ist, brauch ich nicht zu zagen,
und sein Arm wird liebend mich bis nach Hause tragen.

4. Wenn der Herr mein Hirte ist, darf ich allzeit hoffen.
Er hält auch in dunkler Nacht mir die Türen offen.

5. Ich will gehn auf deiner Spur und sie nicht verlieren.
Herr, mein Hirte, du bist nah, wirst mich sicher führen.

6. Du wirst auch im neuen Jahr liebend uns begegnen.
Wie von Anbeginn es war, wirst du, Herr, uns segnen.

Gebet

Lieber Vater im Himmel!
Ein neues Jahr liegt vor uns.
Wir freuen uns auf viele schöne Tage.
Du schickst uns Eis und Schnee,
du läßt die Sonne höher steigen
und die Pflanzen wachsen.
Du schenkst uns reiche Ernte,
und am Ende des Jahres freuen wir uns
auf das Weihnachtsfest.

Wir bitten dich,
bleib du bei uns auf unseren Wegen
durch das neue Jahr.
Behüte uns, auch wenn die Tage
nicht immer froh und hell sind.

Wir danken dir,
daß wir unter deinem Schutz
geborgen sind.
Amen

•Wir spielen

Jesus segnet die Kinder

Das Spiel „Jesus segnet die Kinder“ eignet sich dafür, am Beginn eines neuen Jahres gespielt zu werden, in dem vielleicht neue Kinder in die Gruppe aufgenommen werden. Sie sollen erfahren, daß Jesus alle Menschen lieb hat; auch Kinder, die fremd in der Gruppe sind, die abgewiesen worden sind; ängstliche Kinder, Außenseiter, Gastarbeiterkinder. Das gemeinsame Lied „Jesus hat die Kinder lieb“ kann das Spiel dann beschließen.

Markus 10, 13–16:
Eines Tages kommt Jesus mit seinen Jüngern in ein Dorf. Bald hat es sich herumgesprochen, und von allen Seiten strömen die Menschen zu ihm. Viele Mütter bringen ihre Kinder mit. Sie wollen Jesus bitten, daß er die Kleinen segnet. Ganz nah sollen die Kinder bei ihm sein.

Aber die Jünger wollen nicht, daß Jesus gestört wird. „Laßt den Herrn in Ruhe!", rufen sie den Müttern zu. „Geht fort, ihr stört unseren Meister mit eurem Geschrei!"

Als Jesus das hört, weist er seine Jünger zurecht: „Laßt doch die Kinder zu mir kommen! Denn für Menschen wie sie ist das Reich Gottes bestimmt! Habt Vertrauen wie ein Kind. Dann werdet ihr Gottes Güte und Liebe erfahren." Dann nimmt er die Kinder in seine Arme und segnet sie.

1. SPRECHER: Jesus ist von Dorf zu Dorf gezogen. Überall kamen die Menschen angelaufen, um ihm zuzuhören. Er erzählte ihnen von der Liebe und Güte Gottes, er tröstete die Armen und heilte die Kranken. – Auch in diesem Dorf, von dem ihr heute hören werdet, eilt die Nachricht von Mund zu Mund, daß Jesus da ist.
(Frauen eilen mit Krügen herbei, um Wasser am Brunnen zu schöpfen.)

1. FRAU: Habt ihr gehört, Jesus ist heute zu uns ins Dorf gekommen!
2. FRAU: Im Haus des Fischers Simon hat er übernachtet.
3. FRAU: Laßt uns schnell das Wasser nach Hause tragen, damit wir auch den großen Meister sehen können!
4. FRAU: Unsere Männer sind schon von den Feldern gekommen, und die Fischer haben ihre Netze liegengelassen.
5. FRAU: Die Händler haben sogar ihre Körbe auf dem Markt gelassen und sind jetzt hier.
1. FRAU: Was redet er denn bloß?
2. FRAU: Er soll gesagt haben, alle Menschen dürfen zu Gott kommen, Vornehme und Verachtete, Reiche und Arme, Große und Kleine; Gott hat alle lieb.
3. FRAU: Auch die Kleinen, sagst du? Dann nehme ich meine beiden Kinder mit; sie sollen auch nahe bei Jesus sein.
4. FRAU: Und ich hole Deborah und Rachel aus dem Haus.
5. FRAU: Ich bringe Ruben und Sarah und Benjamin mit. Und die kleine Lea nehme ich auf den Arm.

2. SPRECHER: So liefen die Mütter von allen Seiten herbei und drängten sich mit ihren Kindern durch die Schar der Zuhörer. Die Leute sahen erstaunt auf die vielen Kinder, die durcheinanderliefen, lachten und redeten. Da wurden die Jünger Jesu böse.

ANDREAS: Seid still, seht ihr nicht, daß der Meister predigen will?

PETRUS: Geht fort, ihr stört! Was habt ihr hier bei den Erwachsenen zu suchen!

1. FRAU: Wir wollen zu Jesus! Wir möchten, daß er unsere Kinder segnet.

JOHANNES: Geht fort! Jesus hat Besseres zu tun, als sich mit Kindern abzugeben!

SPRECHER: Jesus spürte die Unruhe und fragte: Was geht hier vor? – Dann sah er die Kinder und rief seinen Jüngern zu: Laßt die Kinder zu mir kommen, und haltet sie nicht zurück. Ich sage euch: Gerade Kinder gehören zum Reiche Gottes! Darum steht ihnen nicht im Wege! Habt auch ihr Vertrauen wie ein Kind! Dann werdet ihr Gottes Güte und Liebe erfahren! – Und er schloß die Kinder in seine Arme und segnete sie. So schenkte er ihnen Gottes Kraft und Liebe.

Text: Barbara Cratzius
Melodie: Herbert Ring

Rahmenvers

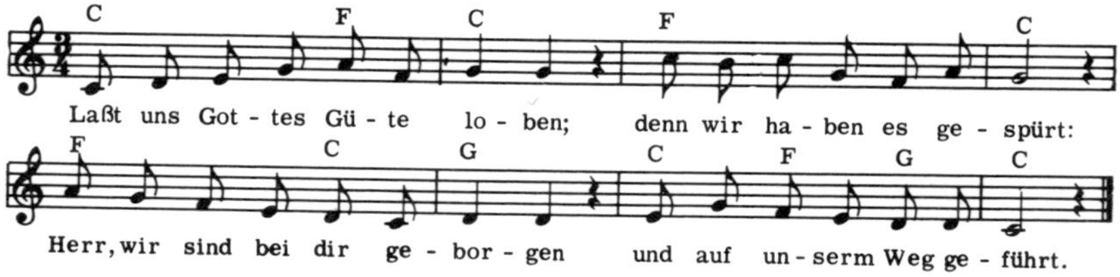

Jesus hat die Kinder lieb

2. Jesus hat uns Kinder lieb, weiß und gelb und braun.
Alle holt er in sein Haus,
daß wir immer ihm vertraun.
3. Jesus hat uns Kinder lieb, keinen schickt er fort.
Er hebt segnend seine Hand
und sagt uns sein göttlich Wort.
4. Jesus hat uns Kinder lieb, er kennt Freud und Leid.
Und wir folgen seiner Spur,
Herr, wir sind für dich bereit.

(Weitere biblische Spiele der Autorin in:
„Biblische Spiele für alle“, Verlag Ernst Kaufmann, Lahr.)

•Wir basteln

Jahreskalender

Verschiedene Verlage, u. a. der Als-Verlag, Postfach 700661, 6000 Frankfurt, bieten sehr schöne Bastelkalender an, bei denen das Kalendarium vorgedruckt ist. Diese Kalender eignen sich gut zum Ausmalen, zum Schmücken mit Filzstiften, Buntpapier, Wachsmalkreide, Tusche. Die Kinder können auf die Vorder- oder Rückseite auch jeweils die Monatssprüche der Losung schreiben. Außerdem habe ich kurze Monatssprüche verfaßt, die zur bildlichen Darstellung anregen (vgl. „Danke für dein gutes Jahr“).

Für eine Kindergruppe, die länger zusammenbleibt, ist auch das Anfertigen von **Geburtstagsblättern** eine schöne Aufgabe im Jahresablauf. Von Monat zu Monat können auf einen großen Plakatkarton jeweils die Geburtstagsdaten der Kinder geklebt werden. Jedes Monatsbild wird mit entsprechenden Motiven verziert, die gemeinsam aufgeklebt werden. Sie können selbstgemalt oder aus Illustrierten, alten Kalendern, Gärtnerei-Prospekten als Kollagen-Bild zusammengestellt werden.

Es kann von einer Kindergruppe auch gemeinsam ein **Jahresbaum** (aus Tapetenresten) geklebt werden, in dessen Zweige etwas zum Geburtstag der Kinder eingeklebt wird.

Eine schöne Aufgabe ist es, einen **Kalender mit Jesus-Festen** zusammenzustellen. In vielen Zeitungen gibt es als Beilage zum Jahreswechsel ein Kalenderblatt für das ganze Jahr, das man hektographieren kann. Gemeinsam stellen wir von Monat zu Monat die Feste des Kirchenjahres zusammen. Auch jeder Sonntag ist ein Feiertag, der uns an die Auferstehung unseres Herrn Jesus erinnert. – Wir malen Bilder zu den Jesus-Festen mit leuchtenden Farben. Auf die gleiche Weise kann man seinen kleinen Taschenkalender schmücken.

Danke für dein gutes Jahr

Text: Barbara Cratzius
Melodie: Herbert Ring

Kehrvers

Der **Februar** ist auch noch kalt.
Hörst du die Krähen schrein im Wald?
Komm, hol doch deinen Schlitten raus,
wir laufen schnell zum Berg hinaus.

Im **März** die ersten Blumen blühn,
siehst du die Vögel nordwärts ziehn?
Wir suchen dann beim Osterfest
die Eier in dem bunten Nest.

Ganz lustig ist es im **April**,
der weiß ja gar nicht, was er will.
Mal neckt er uns mit Sonnenschein,
dann treibt uns Schnee ins Haus hinein.

Der **Mai,** der macht die Käfer wach,
die Amsel zwitschert auf dem Dach.
Er ruft den Storch, den Frosch herbei,
so lustig ist der Monat Mai.

Im **Juni** sprießt das grüne Feld,
wie bunt und schön ist unsre Welt.
Der Bach, der gluckst, die Lerche singt,
das Fohlen auf der Wiese springt.

Der **Juli** schenkt uns hitzefrei,
hinein ins Wasser: eins, zwei, drei!
Wir buddeln tief im warmen Sand
und sind schon bald ganz braungebrannt.

August, der ruft dem Regen zu:
„Ich sperr dich ein, laß uns in Ruh!"
Es blühen Mohn und Rittersporn,
und auf den Feldern reift das Korn.

September sagt: Nun ist es Zeit,
ihr Vögel, ihr müßt fliegen weit.
Die Drachen stehen hoch im Wind,
kommt auf die Felder nun geschwind.

Oktober ruft die Stürme her,
die Felder liegen kahl und leer.
Der Fuchs kriecht in den Bau hinein,
und auch der Maulwurf gräbt sich ein.

November läßt die Nebel wehn,
ich kann kaum bis zur Straße sehn.
Doch auch in dunkler, grauer Zeit,
da leuchtet uns ein Licht von weit.

Dezember zieht ganz leis heran.
Wir malen unsre Krippe an.
Hoch überm Stall der Stern dort – seht!
Die Tür für alle offensteht.

Passions- und Fastenzeit

Es fällt uns nicht schwer, alle unsere kreativen Kräfte einzusetzen, um mit Kindern den Weg durch die Adventszeit zu gehen, das Osterfest vorzubereiten oder ein Erntedankfest zu planen. Aber bewußt den Weg durch die Fastenzeit, durch die Passionszeit zu gehen und uns mit den Kindern auf die Leidenszeit Christi vorzubereiten, das erscheint evangelischen Christen oft schwierig. Schon das Wort „Fasten“ berührt uns beinahe unangenehm. Vielleicht denken wir an die Jona-Geschichte, als Jona das Volk von Ninive zur Umkehr aufrief und die Menschen nach langem Zögern schließlich wirklich bereit waren, in „Sack und Asche zu gehen“.

„In Sack und Asche gehen“, Buße tun, nichts mehr essen – werden uns die Kinder auf einem solchen Weg begleiten? Aber Jona hat mit der Buße, der Umkehr, sehr viel mehr gemeint als nur den Verzicht auf bestimmte liebgewordene Gewohnheiten. Wie heißt es doch bei Jesaja über das „rechte“ Fasten:

„Ist das ein Fasten, wie ich es liebe, ein Tag, an dem man sich der Buße unterzieht: wenn man den Kopf hängenläßt, so wie die Binse sich neigt, wenn man sich mit Sack und Asche bedeckt? Nennst du das Fasten und einen Tag, der dem Herrn gefällt?

Nein, das ist ein Fasten, wie ich es liebe: die Fesseln des Unrechts zu lösen, die Stricke des Jochs zu entfernen, die Sklaven freizulassen, jedes Joch zu zerbrechen, an die Hungrigen dein Brot auszuteilen, die obdachlosen Armen in dein Haus aufzunehmen, wenn du einen Nackten siehst, ihn zu bekleiden und dich deinen Verwandten nicht zu entziehen“ (Jesaja 58, 5–7).

Wenn wir über diese Worte nachdenken, dann spüren wir, daß Fasten sehr viel mehr bedeutet als lediglich den Verzicht auf bestimmte leibliche Genüsse.

Fastenzeit, das bedeutet zunächst für mich selbst: in die Stille gehen und danach zu fragen, ob ich in meinem Streben und Arbeiten, in meinen Gedanken und Gefühlen auf dem richtigen Weg bin.

Vielleicht spüre ich, daß ich oft gedankenlos eingekauft, gegessen, konsumiert habe. Bin ich dabei wirklich glücklich gewesen? Waren mir Dinge und Menschen nicht nach kurzer Zeit schon wieder „über“? Habe ich in meinem Tun nicht oft genug nur mich selbst gesehen, mein Geltungsbedürfnis, meine Eitelkeit befriedigt, anstatt auf den Menschen neben mir zu achten, auf ihn Rücksicht zu nehmen, auf ihn einzugehen?

Sollten wir uns also zu Beginn der Fastenzeit nicht ernsthaft vornehmen, durch Verzicht auf viele Konsumgüter, durch Verzicht auf vordergründige Unterhaltung mehr Zeit und Kraft für den Weg in die Stille, für unser Gespräch mit Gott und mehr Zeit und Kraft für unseren Nächsten zu finden?

So könnte die Fastenzeit bewirken, daß wir so manchen Ballast, manches Gepäck abwerfen, um frei zu werden für den Weg, der zu Gott und den Nächsten führt.

Hier nun einige Vorschläge, wie sich mit einer Kindergruppe eine solche „Fastenstunde“ gestalten läßt:

Wir könnten z. B. einen „Fastenbaum“ basteln. Dazu schneidet man aus Pappe einen Baum aus; man kann aber auch kahle Zweige nehmen, die im Frühjahr oft beim Schneiden der Bäume abfallen. Wir fertigen gemeinsam Pappschilder an, auf die wir unsere Wünsche schreiben (Schallplatten, Stereoanlage, Tennisschuhe, Fahrrad, Lederjacke, Video-Filme . . .). Ebenso vermerken sollten wir alle unsere guten Vorsätze und Pläne, wie: mehr Ruhe in der Hektik unseres Alltags, weniger Egoismus u. ä.

Diese Schilder sollen nun im Laufe der Fastenzeit ersetzt werden durch „Fasten-Vorsätze“, durch Erfahrungen, die wir in der Fastenzeit miteinander gemacht haben; z. B. auf Eltern, Geschwister zugehen (siehe Jesaja-Text), gemeinsam spielen, gemeinsam basteln und kochen, einem Klassenkameraden helfen, jemanden einladen, jemanden im Altersheim oder Krankenhaus besuchen, gespartes Geld für Hungernde spenden, im Gespräch mit Gott andere Menschen einbeziehen.

Vielleicht könnte an einem solchen „Aktionsnachmittag“ die Jona-Geschichte gespielt, gesungen (siehe Jona-Lieder) und gemalt werden. Auch das Lied von den „vielen Wünschen“ würde in diesen Themenkreis gehören.

Aus den Geschichten: „Luwos großer Wunsch“, „Auf den Gleisen von Djakarta“, „Abenteuer auf dem Eselkarren“ erfahren die Kinder vom Hunger und Leid der Menschen in der dritten Welt. Auch eine Information über Hilfswerke für diese Menschen gehört in die Fastenzeit. „Das Lied vom Teilen“ und ein Gebet könnten eine solche gemeinsame Stunde in der Passionszeit beschließen.

Biblische Texte und Spiele zur Passionszeit habe ich dem Osterkreis zugeordnet.

•Wir erzählen

Auf den Gleisen von Djakarta

„Halt doch still!“, sagt die Mutter und schneidet Antah die schönen langen Zöpfe ab.

Antah weint. „Hör auf zu weinen!“, ruft die Mutter zornig. „Ich habe keine Seife, um dir jeden Tag die Läuse rauszuwaschen! Außerdem kriegen wir bestimmt fünf Pfund Reis auf dem Markt für deine Haare!“

Antah ist ganz still. Sie will Mutter nicht noch mehr weh tun. Seit sie hier auf den Gleisen auf dem ausrangierten Bahnhof von Djakarta hausen, hat Mutter so oft geweint. Und sie hatten doch geglaubt, daß hier in der großen Stadt alles besser wäre! Tagelang sind sie auf den rostigen Schienen marschiert, fort aus ihrem kleinen Dorf, wo die Jungen nichts lernen konnten und Vater keine Arbeit hatte.

Wenigstens gefällt es den beiden großen Brüdern hier. Tam-Tao hockt vor dem niedrigen Taubenschlag und füttert seine beiden Tauben. „Die verkaufe ich am Sonntag auf dem Wochenmarkt! Ihr werdet sehen, ich bekomme eine Menge Geld dafür. Und ich fang mir schon wieder neue ein! In den Parks gibt es genügend zahme Tauben! Da erwische ich schon welche!“

Tam-Tao lacht vergnügt und verschließt sorgfältig den Taubenschlag.

„Komm!“, ruft er dem kleinen Bruder zu. „Wir gehen zur Müllkippe! Irgend etwas werden wir da bestimmt finden! Ich habe neulich einen richtigen Lederball und ein paar Schuhe aus dem Dreck rausgefischt! Was die Leute so wegwerfen!“

Antah geht die Gleise entlang. Aus einer Hütte hört sie Weinen und Stöhnen.

„Hol deine Mutter!", ruft ihr eine alte Frau zu, „es ist soweit; das Kind muß abgenabelt werden! Deine Mutter kennt sich doch da aus!"

Antah rennt zu ihrer Hütte zurück. „Mutter, schnell! Das Baby will kommen!", schreit sie aufgeregt.

„Bleib hier und rühr den Reisbrei weiter!", ruft ihr die Mutter zu.

Antah rührt und rührt und legt Holzscheite nach.

„Wenn ich doch zur Schule gehen könnte!", denkt sie. „In eine richtige schöne, saubere Schule mit Tischen und Bänken! – Vielleicht kann ich Krankenschwester werden, einmal eine saubere weiße Schürze tragen, satt zu essen haben, die Haare waschen können, o das wäre schön!"

Luwos großer Wunsch

„Luwo! Aufstehen!", ruft die Mutter. Luwo dreht sich auf der Strohmatte noch einmal auf die andere Seite. Aber nun ist es mit der Ruhe vorbei. Das Baby, das neben der Mutter auf der Matte geschlafen hat, fängt an zu weinen. Großmutter und Großvater sind auch wach geworden.

„Du willst doch in der letzten Schulwoche nicht noch unpünktlich sein!", ruft die Mutter. „Jetzt, wo dein Vater das Schulgeld nicht mehr bezahlen kann, seit er keine Arbeit mehr hat. Nun lauf los und hol mir Brennholz für das Mittagessen!"

Luwo steht mürrisch auf. Er nimmt das große Buschmesser und läuft zu den Eukalyptusbäumen auf der anderen Seite des Weges. Die Ziegen haben die unteren Äste kahlgefressen. Er schlägt mehrere starke Zweige ab, schleppt sie zur Hütte zurück, zerkleinert sie und schichtet alles sorgfältig auf.

„Das hast du gut gemacht, Luwo!", lobt ihn die Mutter. Sie füllt aus dem großen Tonkrug vor dem Haus zwei Becher mit Wasser.

„Komm her!", ruft jetzt die Mutter. Der kleine Tambo hockt auf dem Boden und malt mit kleinen Ästchen Figuren in den Sand. „Komm, trink und sag Luwo ‚Auf Wiedersehen', er muß gleich in die Schule."

„Darf ich heute mal mit in die Schule? Hier zu Haus ist es langweilig. In der Schule sind so viele Kinder, und ihr spielt in der Pause immer so schön mit dem Reifen und dem Ball!"

„Heute nicht!", sagt Luwo. „Vielleicht später mal wieder", setzt er leise hinzu.

„Nimm noch eine Banane mit auf den Weg!", sagt die Mutter und streicht ihm über das Kraushaar.

Rasch wendet sich Luwo um und läuft den Weg zum Schulhaus hinunter.

Heute ist Markttag, da sind viele Leute aus dem Dorf unterwegs. Zwei Jungen schleppen schwere Bananenstauden auf den Schultern, eine Frau, die ein Baby auf den Rücken gebunden hat, trägt vorsichtig ein Holzgefäß mit Milch auf dem Kopf.

„Hm, Milch." Luwo läuft das Wasser im Munde zusammen. Gestern hat die Mutter nicht mal einen Liter von ihrer Kuh gemolken; jetzt, in der Trockenzeit, geben die Kühe überall so wenig Milch. Vielleicht darf er am Sonntag ein bißchen davon trinken. –

Ein alter Mann schleppt in einem Korb Süßkartoffeln und Manjok-Wurzeln zum Markt, und die Jungen mit dem Fahrrad haben an der Lenkstange Taschen mit Tomaten und Pilipili-Pfefferschoten hängen. –

Ach, eigentlich hätte er Lust, mit zum Markt zu gehen! Wie das immer Spaß macht, wenn alle fröhlich durcheinanderschnattern und lachen, und es duftet da so gut nach Kaffeebohnen und Bananen! Und die lustigen bunten Stoffe, die vielen Messer und Scheren und Ketten, die überall auf der Erde liegen!

Aber nein! Diese eine Woche darf er noch zur Schule gehen, da ist ihm jeder Tag wichtig! Und gerade gestern hat ihm der Lehrer das schöne neue Heft gegeben, weil er so gut an der Tafel vorgerechnet hat! Nun braucht er nicht mehr auf der quietschenden Schiefertafel zu schreiben!

Luwo läuft schneller. Da steht schon das Wellblechhaus – seine liebe Schule!

Bigiro, Tandai, Kamosa und Serina spielen vor der Schultür mit den selbstgebogenen Reifen. Sie lachen und jauchzen.

„Vielleicht bekommt Vater ja doch bald wieder Arbeit!", denkt Luwo. „Ich möchte so gern noch ganz lange in die Schule gehen, lesen, schreiben, rechnen. Ach, so viel möchte ich lernen!"

Abenteuer auf dem Eselkarren

Es ist noch still auf den Straßen von Kairo. Nur der Schritt des Nachtwächters hallt auf dem Pflaster. Die Sonne ist gerade erst aufgegangen. Noch brennt sie nicht mit ihren sengenden Strahlen auf das Häusergewirr herab.

Ein klagender Eselruf ist in der Ferne zu hören. Der Nachtwächter dreht sich um. Ein klappriges Eselgespann biegt um die Ecke. „Müllmenschen!“, denkt der Nachtwächter verächtlich. „Hergelaufenes Pack! Na, wenigstens holen sie den Dreck aus den Hinterhöfen und auf den Straßen ab!“

Da springt auch schon der kleine Daoud (David) vom Kutschbock herunter, packt zwei Müllsäcke, die an der Hauswand lehnen, und wirft sie auf seinen Karren. Papier, alte Flaschen, Brotreste, alles, was noch auf der Straße liegt, stopft er schnell in seinen großen Sack und leert es auf dem Karren aus.

So flink ist er dabei, daß der Vater gleich wieder den Esel mit der Peitsche weitertreibt zum nächsten Häuserblock. – O, da liegen ja wahre Schätze herum, Reste von einem Umzug! Ein Stuhl mit drei Beinen, eine alte Waschschüssel, Stapel von Zeitungen und ein großes Bündel mit schmutziger Wäsche.

Und da – drei große angebrochene Päckchen mit Salzbrezeln! Daoud sucht sich einen scharfkantigen Stein und zielt nach den spitznasigen Ratten, die pfeifend davonstieben. Schnell verstaut er alles auf dem Karren.

Die Sonne steigt höher. Daoud hat Durst und schaut sich suchend nach einem Brunnen oder einer Pumpe um. Wie gut es die Leute in der Stadt doch haben! Überall in den Gärten und in den Höfen gibt es eine Wasserstelle. Draußen in der Vorstadt auf den Müllbergen ist weit und breit keine Pumpe, kein Brunnen.

Schnell verschwindet Daoud in einem schattigen Hof und läßt sich das kühle Brunnenwasser über Nacken und Arme laufen und schlürft gierig davon. „Weg da! Zigeunerpack!“, hört er eine scharfe Stimme, und schon ist er blitzschnell verschwunden.

Während der Vater die Abfalltonnen in den Mietskasernen durchwühlt, hält Daoud Frühstück. Er wühlt in dem Haufen auf dem Karren. Da – er erwischt eine Tomate, eine Banane; sogar ein halbes Hühnerbein findet er zwischen dem Müll. Gierig verschlingt er alles und wirft zwischendurch immer wieder einen aufmerksamen Blick auf den Esel. Ja, der Vater kann sich auf ihn verlassen! – Sowie ein Fremder es wagen würde, den Esel auszuspannen, wäre er mit seinem scharfen Taschenmesser zur Stelle und würde ein mörderisches Geheul ausstoßen. Ohne Esel wäre die ganze Familie verloren!

Nein, zur Schule geht Daoud nicht, dazu hat er gar keine Zeit! Hier auf dem Eselkarren hat er besser gelernt, wie man zwischen Schutt und Unrat überleben kann.

Nachmittags, wenn die Mutter und die Schwestern die ganze Ladung von dem Eselkarren sortieren, Papier, Glas, Metall, Kunststoff und Essensreste trennen, dann kann Daoud sogar für kurze Zeit zwischen den Müllbergen Fußball spielen. Alte Blechdosen findet er genug. Aber dann muß er gegen Abend die Schweine füttern, die zwischen dem Müll herumwühlen, und für den Esel muß er auch Futter besorgen.

Wenn es dunkel wird, schleicht er sich manchmal auf die Felder unten am Nil und stopft sich die Taschen voll Kartoffeln und Gemüse. Einmal hat er unten am Weg sogar ein Fahrrad gefunden, fast neu und nicht mal abgeschlossen.

„Na, das hat wohl Allah für mich da hingestellt!“, denkt Daoud. Das gab auf dem Markt eine schöne Stange Geld. Eine Woche lang haben sie wie die Fürsten gegessen in ihrer Wellblechhütte, so viel Käse und Fleisch, daß ihnen abends der Bauch wehtat.

„Ach, mir fällt bestimmt mal wieder was Tolles in die Hände!“, denkt Daoud. „Und wenn's auch nur eine aufgerissene Tüte mit Salzbrezeln ist wie neulich am Straßenrand!“

•Wir singen und beten

Text: Barbara Cratzius
Melodie: Martin Gotthard Schneider

Jona-Lied

2. Du willst übers Wasser ziehn
und dort vor dem Herren fliehn
auf dem weiten Meer.

3. Auf des Meeres tiefstem Grund
öffnest du zum Lob den Mund
in dem großen Fisch.

4. Du sollst Gottes Bote sein,
zieh nun in die Stadt hinein,
geh nach Ninive!

5. Bei euch herrscht nur Haß und Streit,
lange habt ihr nicht mehr Zeit.
Brüder, kehret um!

6. Hört, ihr Menschen, Frau und Mann,
fangt ein neues Leben an!
Bald ist es zu spät!

7. Brüder, folgt an jedem Ort
Gottes Weisung, seinem Wort,
auch in Ninive!

8. Niemand soll verloren sein,
Gottes Liebe holt ihn ein.
Mitten in der Welt.

Text: Barbara Cratzius
Melodie: Felicitas Kukuck

Lied von den vielen Wünschen

2. O ich hab so viele Wünsche!
Neues Rad mit Tachometer!
Und ich laß mich nicht vertrösten,
jetzt sofort – nicht später!

3. O ich hab so viele Wünsche!
Mit den tollsten Ponys springen,
beim Turnier werd ich schon siegen,
das wird mir gelingen!

4. O ich hab so viele Wünsche!
Klassenfest in unserm Garten!
Coca und gegrillte Würstchen,
ich kann's kaum erwarten!

5. O ich hab so viele Wünsche!
Mit dem Flugzeug auf nach Spanien,
mit dem schnellsten Düsenklipper,
oder nach Italien.

6. O ich hab so viele Wünsche!
Immer quengel ich von neuem,
und wenn ich dann alles habe,
kann ich mich nicht freuen.

7. Herr, schenk uns die rechte Freude,
laß nichts Falsches uns begehren.
Gib du Ruhe unsern Herzen,
daß wir auf dich hören!

Gebet

Lieber Vater im Himmel,
wir möchten in der Fastenzeit versuchen,
über unser Leben nachzudenken.
Wie oft nehmen wir gedankenlos hin,
ja, ohne zu danken,
was du uns so reichlich zur Verfügung stellst:
Essen und Trinken, Gesundheit,
viel schöne freie Zeit für Spiel und Sport,
die Fürsorge unserer Eltern und Verwandten.

Wir möchten danken lernen
für die schönen Stunden eines jeden Tages,
für die Kraft, die uns jeden Morgen neu geschenkt wird,
für die Menschen, die uns begegnen.

Herr, hilf uns,
auf übertriebene Wünsche verzichten zu lernen.
Mach uns bereit, auf andere Menschen zuzugehen
und ihnen in ihren Sorgen und Nöten zu helfen.
Zeig uns den Aufbruch in ein neues Leben,
in dem wir dankbar weitergeben dürfen,
was wir empfangen haben.
Amen.

•Wir spielen

Das Spiel von Josef

Spiel für einen Sprecher und Chor.
Texte: Barbara Cratzius
Vertonung: Reinhard Horn

1. Lied: Das Lied vom Teilen

2. Ich habe einen Traum gehabt,
die Ähren wogten schwer im Wind,
und reiche Ernte gab es, Brot,
es wurde satt ein jedes Kind.

3. Es füllten leere Hände sich,
die Früchte reiften wunderbar,
und Durst und Hunger war gestillt,
mit Segen krönte Gott das Jahr.

4. Ich habe einen Traum gehabt,
da war zu Ende Angst und Not.
Die Menschen teilten Hab und Gut
und reichten weiter Wein und Brot.

5. Auch Josef hatte manchen Traum,
in Gottes Segen er einst stand,
er teilte Brot und Wein und Korn
und half dem Volk mit guter Hand.

SPRECHER: Josef war einer der Söhne Jakobs im Lande Kanaan. Jakob hatte zwölf Söhne, aber Josef war sein Lieblingssohn. Er brauchte nicht hinaus aufs Feld zu gehen, und der Vater ließ ihm einen besonders schönen Mantel nähen. – Die anderen Brüder waren oft neidisch auf ihn. Eines Tages hatte Josef einen ganz besonderen Traum. Er erzählte ihn seinen Brüdern:

2. Lied

2. Meine Garbe, die war groß,
stand stolz auf dem Felde hier;
eure Garben waren klein
und verneigten sich vor mir.

SPRECHER: Die Brüder wurden zornig und riefen: „Du willst wohl über uns alle herrschen, und wir sollen uns vor dir verneigen!“ Aber Josef erzählte ihnen noch einen zweiten Traum:

3. Lied (Melodie wie Lied 2)

1. Wollt ihr meinen Traum nun hören
von dem weiten Himmelszelt?
Ich sah Sonne, Mond und Sterne
leuchten über unsrer Welt.

2. Alle glänzten nachts am Himmel,
doch ich war der hellste Stern.
Alle beugten tief sich nieder
und verehrten mich als Herrn.

SPRECHER: Da riefen die Brüder voller Zorn: „Du meinst wohl, daß dein Vater und deine Mutter und alle deine Brüder sich vor dir niederwerfen sollen!"
Sie überlegten, wie sie ihm Böses antun konnten.
Eines Tages sagte Jakob zu seinem Lieblingssohn: „Josef, geh hinaus aufs Feld und sieh nach deinen Brüdern. Schau mal, ob alles in Ordnung ist mit den Tieren."
Als die Brüder Josef von weitem kommen sahen, sprachen sie zueinander: „Wir wollen ihn töten! Unserem Vater sagen wir, ein wildes Tier hat ihn zerrissen."
Aber Juda, einer von den Brüdern, war damit nicht einverstanden. „Wir dürfen kein Blut vergießen. Wir wollen ihn lieber in einen leeren Brunnen werfen." So machten sie es.
Nach einer Weile kam eine Karawane gezogen.

Lied 4

2. Dreht euch nach den Tieren um,
salem, aleikum!
Karawane – langer Zug,
seht – die haben Geld genug,
schleppen Schätze durch den Sand
aus dem heißen Land.
Um, um, um,
salem, aleikum!

SPRECHER: Da hatte Juda eine Idee: „Wir wollen Josef nicht umbringen. Er ist doch unser Bruder! Wir werden ihn den Händlern zum Kauf anbieten."

Lied 5 (wie 4)

Brüder, Brüder, seid nicht dumm,
salem, aleikum.
Josef ärgert uns nicht mehr,
geben wir für Geld ihn her.
Nehmt ihn mit durch Wüstensand
nach Ägyptenland.
Dumm, dumm, dumm,
salem, aleikum!

SPRECHER: Dann schlachteten sie einen Ziegenbock und tauchten Josefs Mantel in das Blut. Sie schickten einen Knecht zum Vater und ließen ihm sagen: „Ist das nicht Josefs Mantel? Ein wildes Tier hat ihn zerrissen." Aber in ihren Herzen spürten sie, daß sie Unrecht getan hatten.

Lied 6

2. Weh, was haben wir getan,
wenn uns unser Vater fragt!
Er wird Josefs Kleider sehen,
weh, der Vater weint und klagt!

SPRECHER: Aber Gott hielt seine Hand über Josef und beschützte ihn auf seinem Weg in das fremde Land. Er kam in das Haus von Potiphar; der war Minister des Pharao, des Königs von Ägypten. Potiphar faßte Vertrauen zu ihm und machte ihn zum Herrn über seine Knechte und über sein ganzes Haus.

Lied 7

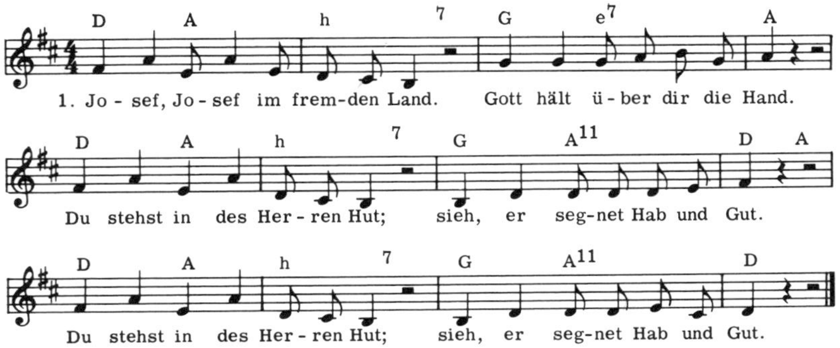

SPRECHER: Doch dann wurde er unschuldig ins Gefängnis geworfen. Da hörte der große Pharao, daß Josef Träume deuten konnte. Er ließ ihn kommen, weil ihn seine Träume schwer belasteten. Er träumte, daß er am Ufer des Nils stand und sieben fette, schöne Kühe weiden sah. Dann stiegen wieder sieben Kühe aus dem Wasser, mager und häßlich. Die mageren fraßen die fetten, aber sie blieben mager wie zuvor. Auch sah er sieben Kornähren, voll und schwer, und daneben standen sieben dürre Ähren. Die fraßen die sieben vollen Ähren auf.

Da erklärte Josef dem Pharao, was die Träume bedeuten sollten:

Lied 8

2. Sieben dürre, magre Kühe,
das sind sieben Hungerjahre.
Sonne wird das Land versengen,
glaubt, was ich euch offenbare.

3. Sieben volle, schwere Ähren,
das sind sieben gute Jahre.
Gott schenkt reichlich seinen Segen,
glaubt, was ich euch offenbare.

4. Baut nun Scheunen für die Ernte
in den sieben reichen Jahren.
Vorrat für die Hungerzeiten,
das muß ich euch offenbaren.

5. Gott hat zweimal euch gerufen,
warnend will er euch erreichen.
Gott wird geben und wird nehmen,
glaubt – die Träume sind sein Zeichen!

SPRECHER: Der Pharao dankte Josef und machte ihn zum Herrn über ganz Ägypten.

Alles traf ein, wie Josef es vorausgesagt hatte. Sieben Jahre lang trugen die Felder reiche Ernte. Josef befahl, daß man große Scheunen baute und sie mit Korn füllte. – In den sieben Dürrejahren, in denen Hungersnot herrschte, ließ Josef die Scheunen öffnen, und aus allen Ländern strömten die Menschen herbei, um Korn bei ihm zu kaufen.

Auch im Lande Kanaan herrschte Hungersnot, und Josefs Brüder zogen hungernd nach Ägypten.

Lied 9 (wie 6)

1. Hunger treibt uns aus dem Land.
   Seht, wir leiden große Not.
   Laßt uns nach Ägypten ziehen,
   gebt uns Korn, und gebt uns Brot.

2. Hunger treibt uns aus dem Land,
   unsre Kinder jammern, schrein.
   Jakob schickt uns nach Ägypten,
   dort solln volle Scheunen sein.

SPRECHER: Sie kamen an Josefs Hof, aber sie erkannten ihren Bruder nicht. Da sagte Josef mit strenger Stimme: „Ihr seid Spione aus einem fremden Land. Ihr wollt nur sehen, wie ihr in unser Land einfallen könnt."

Erschrocken widersprachen die Brüder: „Herr, wir sind zehn einfache Hirten aus Kanaan. Wir waren zwölf Brüder. Einer ist nicht mehr am Leben, und den Jüngsten, Benjamin, hat der Vater zu Hause behalten."

Da sprach Josef: „Wenn ich euch glauben soll, dann kehrt zurück zu eurem Vater und bringt den jüngsten Sohn, den Benjamin, mit. Einen von euch, Simeon, will ich zur Sicherheit hierbehalten."

Traurig zogen die Brüder nach Kanaan zurück.

Lied 10 (wie 6)

1. Hunger trieb uns aus dem Land,
   doch es kamen heim nur zehn.
   Simeon sitzt im Gefängnis,
   ach, vergebens war das Flehn.

2. Vater Jakob weint und klagt.
   Benjamin, den jüngsten Sohn,
   wird er wohl nicht ziehen lassen
   hin vor des Ägypters Thron.

SPRECHER: Schweren Herzens ließ Jakob seinen jüngsten Sohn Benjamin, den er sehr liebhatte, fortziehen.

Lied 11 (wie 6)

Hunger treibt uns aus dem Land,
und es zogen elf hinaus.
Herr, behüte deine Kinder
auf dem Weg zurück nach Haus.

SPRECHER: Als Josef seine Brüder und den jüngsten Bruder Benjamin wiedersah, war er voller Freude. Er ließ Simeon aus dem Gefängnis holen, und sie feierten ein großes Fest.

Lied 12

2. Jeder Fremde ist willkommen,
laßt uns singen und erzählen.
Kommt, ihr sollt vom Weine kosten
und die schönsten Früchte wählen!

3. Eßt und trinkt, vergeßt die Plagen,
dieser Tag schenkt Freudenstunden.
Ihr sollt eurem Vater sagen,
was ihr Gutes hier gefunden!

SPRECHER: Josef dachte: Ich will doch sehen, ob sie gelernt haben, wie Brüder zusammenzuhalten, auch in Gefahr. Er ließ den Brüdern die Säcke mit Korn füllen, aber dem Jüngsten, dem

Benjamin, ließ er heimlich einen silbernen Becher mit in den Sack legen.
Als die Brüder schwer beladen fortgezogen waren, schickte er Reiter nach, die sollten die Säcke durchsuchen. Derjenige, bei dem der Becher gefunden würde, sollte als Sklave bei Josef bleiben.
Die Brüder waren entsetzt, als der Becher bei Benjamin gefunden wurde.

Lied 13 (wie 6)

Weh, was hat man uns getan!
Seht doch unsre große Not!
Nein, wir haben nichts gestohlen,
wollten Korn doch nur und Brot!

SPRECHER: Eilig ritten sie alle zu Josef zurück und warfen sich ihm zu Füßen. Da sagte Josef: „Ich bin euer Bruder, erkennt mich doch. Gott hat mich nach Ägypten geführt, damit ich vielen Menschen helfen kann. Auch ich will euch bewahren und für euch sorgen. Holt unseren alten Vater her. Ihr sollt hier in Ägypten im Frieden leben."

Lied 14 (wie 1)

1. Nun seht, der Traum wird wirklich wahr,
wir teilen Wein und teilen Brot.
Es schenk uns Gott ein gnädig Jahr
und stille Hunger, Angst und Not.

2. Wir Brüder sind am Tisch vereint,
ein jeder reicht dem Freund die Hand.
Es schweigen Feindschaft, Wut und Haß,
Herr, schenke Frieden du dem Land.

3. Die Hoffnung wächst, du gibst uns Brot.
Dein Segen, Herr, uns alle hält.
Wir wollen Leben, nicht den Tod,
Herr, wache über unsrer Welt!

Ostern

Der Weihnachtskreis mit seinen vielfältigen Gestaltungsmöglichkeiten nimmt in unseren Familien und Gemeinden einen viel breiteren Raum ein als der Osterfestkreis.

Es herrscht allgemein die Auffassung, daß es schwierig sei, sich gemeinsam mit Kindern der Osterthematik, dem Leiden und der Auferstehung unseres Herrn zu nähern.

Wenn wir aber intensiv vor Kindern die große Vielfalt der biblischen Themen, die uns der Osterkreis bietet (weit mehr als der Weihnachtskreis), entfalten, wenn in Familien und Gemeinden das Osterfest bewußt gefeiert wird, werden wir spüren, wie die Kinder den Themen Leiden – Tod – neues Leben mit großem Interesse und bohrenden Fragen begegnen. Auch dem Kind sind Erfahrungen des Leids, der Enttäuschung, der Durchkreuzung eigener Wünsche und Pläne, Krankheit und Tod von Verwandten (Großeltern) nicht fremd.

Das Hören und Gestalten der Passions- und Osterberichte kann dem Kind bei der Bewältigung seiner eigenen Probleme helfen. Es wird spüren, daß wir uns in unsern eigenen schmerzhaften Erfahrungen von Gott aufrichten und unser Leben von ihm führen lassen können.

Sehr vorsichtig würde ich allerdings mit bildlichen Darstellungen von der Kreuzigung umgehen. – Als ich Kindern Bilder vom leidenden Jesus am Kreuz zeigen wollte, erlebte ich Äußerungen der Angst, der distanzierten Neugier: „. . . hat das weh getan? Wie lange er das wohl ausgehalten hat . . . " – Bilder der romanischen Kunst, die uns Jesus zeigen als den Herrn, der das Leid überwunden hat, waren viel geeigneter für diese Altersstufe.

Wenn wir Bilder von der Kreuzigung, vom leidenden Herrn zeigen, müssen wir dem Kind auch den siegreichen, den erhöhten Christus vor Augen stellen. Eindrucksvoll ist das Bild eines zehnjährigen Kindes, das Christus am Kreuz mit der Strahlenkrone als den Herrn zeigt, der den Tod überwunden hat.

Ein solches Kinderbild spricht eine überzeugende Zeichensprache, es ist wirklich ein Stück „gemalte Sprache".

Jörg Zink sagt in seiner Kinderbibel „Der Morgen weiß mehr als der Abend“: „Es gibt meines Erachtens keine Ebene, auf der für ein Kind der Tod des Christus am Kreuz als erlösend, als hilfreich erscheinen könnte. Es ist schon fast unmöglich, einem Erwachsenen begreiflich zu machen, was sich im Mysterium des Todes Christi wirklich vollzog. Ich habe die Passionsgeschichte darum in ein indirektes Hörensagen verlegt. Sie kann allein von den Ostergeschichten her erträglich werden, wie ja überhaupt das ganze Evangelium sein Licht aus den Ostergeschichten hat und ohne sie seinen Sinn verlöre.“

So habe ich von den Ereignissen um das Ostergeschehen Texte herausgesucht, die den Kindern Jesus vor allem als den helfenden, heilenden, segnenden Christus naherücken (Zachäus, Damals in Jerusalem, Gang nach Emmaus, Begegnung am See). Die Osterfreude, das helle Licht, das von Ostern her in unsere dunkle Welt bricht, wird auch beim Singen der verschiedenen frohen Osterlieder aufleuchten.

„Ich lebe, und ihr sollt auch leben“ – mit dieser Zusage unseres Herrn dürfen wir dankbar gemeinsam mit den Kindern den Osterfestkreis feiern.

•Wir erzählen

Gott hat unser Herz und Mut
fröhlich gemacht
durch seinen lieben Sohn,
welchen er für uns gegeben hat
zur Erlösung
von Sünden, Tod und Teufel.
Wer solches mit Ernst glaubet,
der kann's nicht lassen,
er muß fröhlich und mit Lust davon
singen und sagen, daß es
andere auch hören und herzukommen.

Martin Luther

Zachäus auf dem Baum (Lukas 19, 1–10)

Jesus ist mit seinen Jüngern auf dem Weg nach Jericho. Dort wohnt der reiche Zachäus. Er steht im Dienst der Römer und nimmt die Steuern ein. Die Menschen in Jericho mögen ihn nicht, weil er die Leute oft betrügt und zuviel Geld fordert.

Aber auch Zachäus will Jesus sehen und läuft ihm entgegen. Doch Zachäus ist klein. Er kann nicht über die Köpfe der anderen Leute hinwegsehen. – Da entdeckt er einen hohen Maulbeerbaum. Schnell klettert er hinauf. Ganz verborgen sitzt er in dem dichten Blätterwerk und kann trotzdem die Straße gut überblikken. Da kommt Jesus, gefolgt von seinen Jüngern.

Vor dem Maulbeerbaum bleibt er stehen und hebt den Kopf:

„Steig herab, Zachäus!“, ruft er. „Ich will heute in dein Haus kommen!“

Voller Freude springt Zachäus vom Baum herunter und nimmt Jesus in seinem Haus auf. Die anderen Leute murren: „Warum geht Jesus ausgerechnet in das Haus eines solchen Sünders!“ – Zachäus aber ruft: „Herr, ich war ein Betrüger. Doch jetzt will ich die Hälfte meines Geldes den Armen geben. Wen ich betrogen habe, dem will ich die vierfache Summe zurückgeben. Alles soll anders werden!“

Jesus antwortet: „Heute ist Gott zu dir in dein Haus gekommen!“ Und zu denen, die gemurrt haben, sagt er: „Ich komme zu allen Menschen; auch zu denen, von denen sonst niemand etwas wissen will. Gott vergibt die Schuld. Er will euch alle retten!“

Das letzte Abendmahl

(Nach den Leidensgeschichten der vier Evangelien)

Jesus war mit seinen Jüngern in Jerusalem,
viele Menschen kehrten bei ihm ein.
Deshalb wuchs der Haß bei den Gelehrten,
bis sie riefen: „Wie lang noch soll er bei uns sein?

Wer uns sagt, er sei von Gott gekommen,
er sei als Messias ausgesandt,
lästert Gott, er soll verurteilt werden,
er bringt doch nur Unheil unserm Land!"

Jesus spürte, daß die Abschiedsstunde nahte,
und er sprach zu seinen Jüngern: „Kehrt bei einem Manne ein!
Ihr sollt uns das Osterlamm bereiten;
ich will beim Passahfest mit euch zusammen sein."

Als sie alle dort versammelt waren,
holte Jesus Wasser wie ein Knecht,
wusch den Jüngern dienend dann die Füße.
„Meister", dachten sie, „das ist nicht recht!"

Petrus war es, der verwundert fragte:
„Herr, du kniest so tief vor mir im Sand,
wäschst den Staub von meinen Füßen,
trocknest sie mit deiner eignen Hand!"

„So wie ich euch heut als Bruder diene",
sprach der Herr, „sollt ihr einander Diener sein.
Bald muß ich für immer euch verlassen,
dann steh einer für den andern ein!"

Und er nahm den Kelch in seine Hände:
„Gott, du hast die Traube uns geschenkt.
Herr, du seist gelobet und gepriesen,
der uns hat erwählet und gelenkt."

Jesus trank und gab den Kelch dann seinen Jüngern,
nahm das Brot darauf in seine Hand:
„Herr, wir danken für die Gabe,
du schenkst reiche Ernte allem Land."

Dann brach er das Brot und sagte zu den Jüngern:
„Nehmt vom Korn, das Gott euch selber gibt.
Wie das Brot, so muß auch ich gebrochen werden,
daß ihr wißt, wie sehr ich euch geliebt.

Auch ein Weizenkorn fällt in die Erde,
es muß sterben und zugrundegehn.
Doch es wächst ein Halm mit neuen Ähren,
so auch werde ich einst auferstehn.

Trauben muß man in der Kelter pressen,
langsam reift daraus der neue Wein.
Wenn vereint ihr aus dem Kelche trinket,
denkt an mich, ich werde bei euch sein.

Ihr gehört zu mir beim Wein und Brote,
ich will selbst in eurer Mitte sein.
Habt euch lieb, daß es die Menschen spüren,
schließt den Bruder auch in euern Kreis mit ein.“

Langsam gingen sie hinaus zum Bache Kidron,
finster war die Nacht.
Einsam betete der Herr im dunklen Garten,
keiner von den Jüngern allen hielt mit ihm die Wacht.

In derselben Nacht noch kamen dann die Krieger,
alle Jünger flohen, niemand wollte bei ihm sein,
und in Fesseln führte man ihn durch die Straßen.
Ganz verlassen zog der Herr zur Stadt hinein.

Die Verurteilung und Kreuzigung (Matth. 27)

Jesus war gefangen von den Hohenpriestern,
doch sie waren nicht die Herren in dem Land.
Statthalter der Römer war Pilatus,
und sie gaben ihn in seine Hand.

Jesus stand gefesselt vor Pilatus.
Dieser fragte: „Warum bringt ihr mir den Mann?“
„Er soll sterben!“, riefen da die Hohenpriester.
„Hört nur unsere Zeugen an!

Jesus lästert selbst den großen Kaiser,
er will unser neuer König sein!
Er bricht die Gesetze, will den Tempel stürzen,
Aufruhr trägt er in das Volk hinein."

„Hörst du nicht, wie hart sie dich verklagen?
Wie sie Schlechtes reden fort und fort?
Warum willst du nichts dagegen sagen?"
Aber Jesus stand und sprach kein Wort.

„Ich kann keine Schuld bei ihm erkennen",
sprach Pilatus, „was soll nun geschehn?
Ich will euer Volk entscheiden lassen,
soll er sterben oder darf er gehn!

Hört, ihr Menschen, ich laß euch zum Feste
einen der Gefangenen nun frei.
Hier seht Barabbas und diesen Jesus!
Sagt mir doch, wer euch nun lieber sei."

Da erscholl es draußen wie aus einem Munde:
„Gebt uns Barabbas, den Mörder, gleich heraus!
Jesus soll ans Kreuz geschlagen werden!"
Und dann führten Knechte ihn hinaus.

Mit der Dornenkrone wurde er gekrönet,
und ein Purpurmantel wurde ihm gebracht.
Selber sollte er das Kreuz dann tragen,
hin nach Golgatha in dunkler Nacht.

Auf dem Berge sprach er mit dem Vater,
Finsternis lag überm ganzen Land,
und man hörte seine letzten Worte:
„Vater, ich befehle mich in deine Hand."

Auf dem Weg nach Emmaus (Luk. 24, 13–35)

Drei Tage ist es her, daß Jesus gestorben ist und begraben wurde. Zwei seiner Jünger wandern von Jerusalem nach Emmaus. Sie reden darüber, was sie am Morgen in Jerusalem gehört haben.

Einige Frauen sind am Grab gewesen. Es war leer. Da ist ihnen ein Engel erschienen und hat gesagt: „Was sucht ihr den Lebenden bei den Toten?“ Nun sind auch einige andere Jünger an das Grab gegangen. Sie haben alles so vorgefunden, wie es die Frauen berichtet hatten. Aber ihren Herrn sahen sie nicht.

So wandern die beiden Jünger traurig auf der Straße nach Emmaus. „Alles ist vorbei“, sagen sie. „Gott hat Jesus nicht geholfen; er hat ihn verlassen!“

In diesem Augenblick schließt sich ihnen ein Fremder an. „Was redet ihr da? Warum seid ihr so traurig?“, fragt er.

Da sagt Kleophas, der eine Jünger: „Bist du der einzige, der nicht weiß, was in diesen Tagen in Jerusalem geschehen ist? Jesus von Nazareth ist zum Tode verurteilt und an das Kreuz geschlagen worden. Nun sind wir allein, unser Herr ist tot.“

Darauf sagt der Fremde: „Glaubt mir, alles mußte so kommen. Es war Gottes Wille. Ich will es euch erklären.“

Kleophas und der andere Jünger hören gespannt zu. Es ist, als ginge tief in ihren Herzen ein Licht auf.

Allmählich sinkt die Sonne. In der Ferne sehen sie das Dorf Emmaus. „Herr, bleibe bei uns; jetzt, wo es Abend wird!“, bittet Kleophas.

Da geht der Fremde mit ihnen in das Dorf und kehrt bei ihnen ein. Gemeinsam setzen sie sich zum Abendessen an den Tisch. Der Fremde nimmt das Brot, dankt, bricht es in Stücke und reicht es den Jüngern. Sie nehmen das Brot, und nun erkennen sie ihn: Jesus, ihren Herrn!

Voller Freude sagen sie: „Wir haben es gespürt, als er neben uns ging und die Schrift auslegte. Wie Feuer hat es in unseren Herzen gebrannt!“

Noch am selben Abend laufen sie zurück nach Jerusalem und verkünden den anderen Jüngern die frohe Botschaft: „Unser Herr lebt! Er ist wirklich auferstanden! Wir sind nicht mehr allein. Jesus ist mitten unter uns!“ – Und alle sind voller Freude und Hoffnung.

Anmerkung: Die Ostergeschichte von den Emmausjüngern und die Begegnung am See Tiberias muß man vor dem Hintergrund einer Erfahrung sehen, die Kinder bewegt und die sie gut nachvollziehen können (als wir traurig und allein waren, . . . als meine Eltern ausgegangen waren). Sie zeigt uns die Jünger in der Situation des Alleingelassenseins, der Hoffnungslosigkeit, aus der sie durch die Begegnung mit ihrem Herrn herausgerissen werden, so daß sie neuen Mut schöpfen können.

Am See Tiberias (Joh. 21, 1–14)

Es ist einige Zeit vergangen, seitdem sich Jesus den Jüngern von Emmaus zu erkennen gab.

Petrus und Thomas, Nathanael, Johannes, Jakobus und zwei andere Jünger sind an den See gegangen, an dem Jesus sie einst gerufen hatte. Petrus sagt: „Ich will auf den See hinausfahren und fischen!"

Die Jünger rudern hinaus auf den See und werfen ihre Netze aus. Die ganze Nacht arbeiten sie, aber sie fangen nicht einen einzigen Fisch. Langsam rudern sie wieder zurück. Sie sind enttäuscht; alles kommt ihnen dunkel und traurig vor.

Da sehen sie in der ersten Morgenfrühe einen Mann am Ufer. Es ist Jesus, aber sie erkennen ihn nicht. Er fragt sie: „Habt ihr nichts gefangen?" „Nicht einen einzigen Fisch!", rufen sie.

Jetzt fordert Jesus sie auf: „Werft noch einmal eure Netze auf der rechten Seite des Bootes aus. Ihr werdet bestimmt etwas fangen!"

Sie werfen die Netze aus und fangen so viele Fische, daß sie ihr Netz gar nicht hochziehen können. Und nun weiß Johannes: „Es ist der Herr!"

Als Petrus das hört, springt er ins Wasser und schwimmt ihm entgegen. Die anderen Jünger rudern mit aller Kraft an das Ufer. Dort brennt ein Kohlenfeuer. Darauf liegen Fische und Brot. Jesus sagt: „Bringt noch ein paar von den Fischen, die ihr gerade gefangen habt!"

Petrus watet wieder ins Wasser. Er zieht das schwere Netz an Land. Es zerreißt nicht, obwohl 153 große Fische darin sind.

„Kommt her", sagt Jesus. „Wir wollen essen!" Er bricht das Brot in Stücke und teilt die Fische aus. Keiner der Jünger fragt: „Wer bist du?" Eine große Freude brennt in ihren Herzen. Sie wissen, daß der Herr bei ihnen ist. Er ist von den Toten auferstanden. Er gehört zu Gott, und doch lebt er mitten unter ihnen. Ganz sicher wissen sie es.

•Wir spielen

Das Spiel von Zachäus

Liedtexte: Barbara Cratzius
Melodie: Herbert Beuerle
Spieler: 3 Frauen, 2 Männer, Stimme von Jesus

Lied:

2. Volle Wagen, Korn und Trauben
   fahren wir zum Tor hinein.
   Doch – was bleibt uns von der Ernte?
   Seht – der Zöllner ist gemein!
   O Zachäus, böser Mann,
   der nur lügen, trügen kann.
   Stopft die Taschen voll,
   das ist wirklich toll!

1. FRAU: Seht – der Weinberg hat so gut getragen in diesem Jahr. Volle, süße Trauben, das wird einen herrlichen Wein geben!

2. FRAU: Und die Olivenernte war auch nicht schlecht! Wir haben zweimal in diesem Jahr geerntet, viel gutes Öl werden wir pressen.

3. FRAU: Unser Weizen hat lange nicht so gut gestanden. Im vorigen Jahr hat der Hagel kurz vor der Ernte die Halme niedergeschlagen. Dieses Jahr werden wir volle Scheunen haben.

1. MANN: Freut euch an der reichen Ernte, die euch der Herr geschenkt hat. In diesem Jahr ist es wirklich so, wie die Väter gesungen haben: „Herr, du krönst das Jahr mit Fülle. Du tränkst die Felder mit Regengüssen, du sorgst für das Land und machst es reich und fruchtbar. Die Wiesen in der Steppe sind saftig und grün; die Hügel hallen wider von Freudenrufen, alles ist voll Jubel und Gesang."

2. MANN: Ja, aber am Tor sitzt ein anderer Herr. Der ist nicht groß und gütig. Er beschenkt euch nicht mit reichen Gaben. Zachäus, dieser Betrüger und Gauner, verlangt immer das Doppelte und Dreifache an Zoll und Steuern.

3. MANN: Und wenn einer zu mucksen wagt, meldet er es gleich dem Statthalter. Dann gibt's nur Ärger! Zachäus bekommt ja doch immer recht. Die Römer tun doch nichts gegen ihren besten Steuereintreiber. Also – Maul halten und zahlen!

1. FRAU: Redet bloß nicht so laut, der Kerl bringt es noch fertig und läßt uns bespitzeln und ins Gefängnis werfen!

2. FRAU: Seid still! Verderbt uns nicht die Laune an so einem herrlichen Tag! Erzählt lieber etwas Schönes!

3. FRAU: Habt ihr schon gehört? Morgen soll Jesus zu uns in die Stadt kommen!

1. MANN: Jesus? Von dem die Menschen sagen, daß er Blinde sehend macht und Tauben das Gehör schenkt?

2. MANN: Der Kranke heilen und sogar Tote auferwecken kann?

1. FRAU: Ja, er macht Wasser zu Wein, teilt Brot und Fische aus und verkündigt das Friedensreich Gottes.

2. FRAU: Wir müssen rechtzeitig losgehen, damit wir früh auf den Straßen sind und ganz vorn stehen, wenn er kommt. Es soll ja bei ihm immer so ein Gedränge geben, daß man ihn gar nicht sehen kann!

Lied:

3. Schmückt die Straßen, bringt die Kinder,
lobt und jubelt, preist und singt.
Heute wird der Herr uns segnen,
der uns Heil und Frieden bringt.
Jesus, Jesus, Wundermann,
der uns heilen, retten kann.
Er zieht bei uns ein,
wir sind nicht allein.

1. FRAU: Seht doch, wer läuft denn da auf seinen kurzen Beinen so hastig die Straße runter, als ob ihn jemand einfangen wolle.
2. FRAU: Das ist ja Zachäus, dieser widerliche Kerl!
3. FRAU: Der will doch nicht etwa auch zu Jesus?
1. FRAU: Mit solchen Betrügern und Lügnern gibt sich Jesus bestimmt nicht ab!
2. FRAU: Dem Zachäus sieht man ja schon von weitem an, wie böse und gemein er ist.
1. FRAU: Außerdem ist der Herr Steuereintreiber so klein. Wir stellen uns einfach auf die Zehenspitzen, dann kann er überhaupt nichts sehen!

Lied:

4. Rückt zusammen, schwenkt die Palmen,
lobt und jubelt, preist und singt.
Bald wird unser Herr einziehen,
Gnade er und Frieden bringt.
Jesus, Herr, wir bitten sehr,
komm mit deiner Güte her.
Kehr doch bei uns ein,
laß uns nicht allein.

1. FRAU: Ich glaube, ich traue meinen Augen nicht! Da klettert dieser Zachäus tatsächlich auf den Maulbeerbaum da drüben und versteckt sich zwischen den Blättern.
2. FRAU: Der schämt sich nicht einmal, wo wir ihn doch alle sehen und auslachen.
3. FRAU: Dieser kleine gemeine Kerl! Der denkt, er ist jetzt größer als wir alle.

Lied:

5. O Zachäus in den Zweigen,
der nur lügen, trügen kann.
Ja, versteck dich nur da oben,
dich guckt niemand gerne an.
Bist verachtet, bist so klein,
bleib nur einsam und allein.
Habt ihr das gesehn?
Seht – der Herr bleibt stehn!

STIMME von JESUS: Zachäus, steige schnell herunter von deinem Baum! Ich will heute in deinem Haus wohnen!
1. FRAU: Seht nur! Er steigt von dem Baum herunter!
2. FRAU: Wahrhaftig, Jesus geht in das Haus des Zachäus!
3. FRAU: Könnt ihr das begreifen?
1. MANN: Hört nur, was Zachäus da so laut ruft: Herr, ich danke dir! Die Hälfte meiner Güter will ich den Armen schenken. Und wen ich betrogen habe, dem will ich es vierfach wieder zurückgeben!
1. FRAU: Könnt ihr das glauben?
2. FRAU: Der ist ja vollkommen verändert!
3. FRAU: Seht – sein Gesicht strahlt vor Freude.
1. MANN: Richtig freundlich sieht der Zachäus jetzt aus!
2. MANN: Ich glaube, er macht wahr, was er eben versprochen hat.
STIMME von JESUS: Heute hat Gott dich und deine ganze Familie angenommen. Denn des Menschen Sohn ist gekommen, um die Verlorenen zu retten.

Lied:

6. Herr, du bist zu uns gekommen,
du vergißt uns Arme nicht,
suchst den Menschen, der verloren,
bringst uns allen hell dein Licht.
Macht das Herz, die Tore weit,
denn es naht die Gnadenzeit.
Herr, zieh bei uns ein,
laß uns nicht allein!

Damals in Jerusalem

Szenisches Spiel zur Passionszeit

Die „Dialoge der Zeugen“ eignen sich vor allem als szenisches Lesespiel, das mit verteilten Rollen ausdrucksstark, eventuell mit angedeuteten Gesten gesprochen werden sollte.

Das Charakteristische der einzelnen Personen sollte durch eine eindringliche Darstellung deutlich herausgearbeitet werden:

Kaiphas: herrisch;
Judas: ängstlich, abgehetzt, gegen Ende verzweifelt;
Claudia: einfühlsam, voller Mitleid;
Pilatus: ungehalten, zornig, verärgert über den „peinlichen Zwischenfall“;
Pilger: neugierig, doch innerlich unbeteiligt.

1. Szene: Im Palast des Pilatus

Judas – Kaiphas

KAIPHAS: Komm herein. Ich fürchte, du warst nicht vorsichtig genug. Hat dich jemand gesehen?

JUDAS: Ich bin leise wie ein Luchs geschlichen. Wer sollte auf mich schon achten? Das Volk drängt sich in den Straßen und denkt nur an das Fest, an gebratene Tauben und an die Lämmer, die geopfert werden. Wer achtet da schon auf Judas, der sich die Silberlinge holen will?

KAIPHAS: Sei nur ruhig. Du bekommst schon dein Geld. Aber sage mir: Wo ist Jesus?

JUDAS: Nicht weit. Er ist noch in demselben Haus am Kidronbach, das ich dir gestern beschrieben habe. Er hält mit den Jüngern ein Mahl und führt merkwürdige Reden von Abschied und Wiedersehen. So hat er z. B. einen Kelch genommen, hat alle daraus trinken lassen und gesagt, das sollten sie oft tun, ihm zum Gedächtnis. Werde einer daraus klug! Aber seltsame Sitten hat er ja immer schon gehabt.

KAIPHAS: So ahnt er etwas? Hast du ihm etwa unseren Plan verraten?

JUDAS: Du meinst, ich werde zweimal zum Verräter? Schlimm

genug, daß ich es einmal bin . . . Ich habe meinen Herrn verraten!

KAIPHAS: Sei still, Judas! Für die 30 Silberlinge hast du es doch gern getan. Ich wollte, es wäre alles längst vorbei und dieser Jesus endgültig weg aus dieser Stadt. Was muß er uns auch immer wieder stören! Das Volk läuft ihm hinterher, weil er allem Anschein nach Wunder vollbringt. Als ob das Volk nicht leicht genug zu narren wäre! Man glaubt ja so gern an Wunder. Weg mit ihm! Die Zeit drängt. Wäre er nur schon fort.

JUDAS: Ja, mich wundert euer langes Zögern. Die Nacht kommt rasch. Ihr müßt euch beeilen, wenn ihr ihn fangen wollt. Im Dunkeln geht das schnell und ohne Lärm. Und außerdem – der Ölberg liegt abseits, ist menschenleer und einsam. Dorthin wollte er jetzt gehen.

KAIPHAS: Ich wünschte, alles wäre schon vorbei. Du weißt, es ist gefährlich am Passahfest. Das Volk ist hitzig wie der Wüstensturm, wenn es sich so durch die Straßen wälzt. Wir müssen ihn gleich morgen töten, sonst ist es zu spät. Weiß die Stadt erst von dem Gefangenen, dann richtet sich die Wut vielleicht noch gegen uns. Ich ahne schon ihr Schreien: Er hat uns allen nur Gutes getan, und ihr wollt ihn töten! – Ich muß gleich zu Pilatus, daß wir ihn schon morgen früh richten!

2. Szene: Wohnhaus des Pilatus

Pilatus – Claudia, seine Frau

CLAUDIA: Was ist, Pilatus? Du bist so merkwürdig verändert, nachdem du eben wieder zurückgekommen bist. Wer kam denn noch zu dieser späten Stunde in den Palast?

PILATUS: Sei still, mir schwillt noch jetzt vor Zorn die Ader. Kann das Judenvolk nicht allein besorgen, was ihm aufgetragen ist? Ich sagte es schon, als wir von Rom übers Meer herkamen: Dieses Land sei verflucht mit seinen heißen Winden, dem ungebärdigen Volk und den hitzigen Priesterköpfen.

CLAUDIA: So sag doch endlich, was dich so aufregt!

PILATUS: Der Hohepriester Kaiphas kam. Er war ganz erregt und bat mich um Verzeihung, aber sie müßten morgen früh noch jemanden verurteilen, und ich müßte mit auf den Richtplatz.

CLAUDIA: Am Passahfest?

PILATUS: Das ist es ja. Ich habe so darauf gehofft, morgen etwas Ruhe zu haben – aber vergeblich. Es sei sehr dringlich, behauptet Kaiphas. Dieser Mensch hätte sich schwer vergangen. Vor Sonnenuntergang müßte er weg. Das Volk soll möglichst nichts davon erfahren. Du weißt, die Juden geraten so leicht in Aufruhr und Zorn.

CLAUDIA: Wen wollt ihr denn so eilig kreuzigen?

PILATUS: Du wirst ihn sicher nicht kennen, Claudia. Er ist ein sonderbarer Mensch. Sie nennen ihn Jesus von Nazareth.

CLAUDIA: Jesus . . .? Was sagst du? Jesus von Nazareth?

PILATUS: Wie? Du kennst ihn?

CLAUDIA: Ich sah ihn gestern in der Unterstadt. Ich folgte unserer Magd durch die Straßen. Von Hitze und Lärm war ich so ermüdet, daß ich nicht darauf achtete, was um mich herum geschah. Da trieb mich der Menschenstrom zu den Treppen am Kidron. Dort standen und hockten sehr viele Menschen. Sie hörten einem Mann zu, den ich nicht sehen konnte, so dicht drängten sie sich. Von der Magd erfuhr ich dann, das sei Jesus, zu dem die Kranken und viele Arme kommen und auch – fast schäme ich mich, es zu sagen – Bettler, Dirnen und Zöllner. Er ist zu allen gut und redet so mit ihnen, daß ihm immer mehr folgen und gerne in seiner Nähe sind.

PILATUS: Aber er soll doch das Volk gegen Rom aufhetzen und über den Kaiser spotten.

CLAUDIA: Wer sagt das?

PILATUS: Kaiphas.

CLAUDIA: Das kann nicht wahr sein. Ich habe nämlich auch mit anderen gesprochen, die sich dort versammelt hatten. Sie erkannten mich zwar an meiner Kleidung als Römerin, aber alle sagten mir, das sei ein Mensch, der nur Gutes tut. Und schließlich sah ich ihn selber. Glaub mir, Pilatus: So sieht ein Feind des Kaisers nicht aus.

PILATUS: Hat er nicht Macht in seinem Blick und in seinen Händen, das Volk zu bannen und aufzuwiegeln?

CLAUDIA: Ja, er hatte wirklich einen Blick, der mich berührte. Aber das war keiner, der Feuer schürt oder Verschwörung lodern läßt. Sehr sanft und still sah er mich an. Das spüre ich noch jetzt ganz genau. – Pilatus, sage mir, was mit ihm wird.

PILATUS: Ans Kreuz wollen sie ihn schlagen lassen.

CLAUDIA: Und das erlaubst du? Du trägst die Schuld daran?

PILATUS: Noch nicht, Claudia. Ich sage dir doch, morgen früh muß ich ihn vernehmen.

CLAUDIA: Du bist ein Römer, bitte bedenke doch, was du tust! Mach dich nicht mit diesen Juden gemein.

PILATUS: Ich hab es Kaiphas versprochen.

CLAUDIA: Sieh Jesus an, und dann sage mir, was er verbrochen hat. Sprich mit ihm, und höre nicht darauf, was Kaiphas auch immer reden mag. Ich bitte dich, sei gerecht.

PILATUS: Rege dich nicht so auf. Du kannst sicher sein, daß ich überlegen werde. Laß uns jetzt schlafen gehen. Ich muß morgen sehr früh hinaus auf den Richtplatz.

3. Szene: Auf dem Richtplatz

Drei Pilger – Pilatus – Claudia, seine Frau

1. PILGER: Begreifst du das? So eine Menschenmenge auf dem Richtplatz? Am Passahfest darf doch niemand gerichtet werden.

2. PILGER: Sei doch still. Siehst du nicht die Soldaten und die Tempelwachen? Du willst dir wohl den Mund verbrennen?

3. PILGER: Was ist denn los?

1. PILGER: Jesus von Nazareth soll verurteilt werden. Mich wundert nur, daß seine Jünger nicht mehr hier sind. Und wo sind die Leute, die sonst jedes Wort von seinen Lippen ablasen und ihm zujubelten? Ja, ja, wenn es gefährlich wird, dann ist auch der große Wunderheiler allein.

2. PILGER: Sieh mal dort, ist das nicht einer von den zwölf Jüngern? Ja – das ist Judas! Aber wie seltsam er aussieht! Das Haar hängt ihm wirr ins Gesicht, und sein Blick ist zum Fürchten.

3. PILGER: Er war schon immer ein besonderer Kerl, aber heute blickt er um sich wie im Fieber. Die Hände hat er geballt, als wolle er sich mit bloßen Fäusten auf die Leute von der Wache stürzen. So hält wenigstens einer zu Jesus! – Da, sieh, Pilatus kommt, um Recht zu sprechen.

1. PILGER: Jetzt kommt seine Frau hinterher. Was will sie nur? Sie sieht komisch aus mit ihren wehenden Haaren.

3. PILGER: Anscheinend versucht sie, ihm etwas Wichtiges zu sagen. Könnt ihr verstehen, was sie reden?

PILATUS (beiseite): Was willst du, Claudia? Mach uns nicht lächerlich vor dem Volk! Was ist denn?

CLAUDIA: Habe du mit diesem Gerechten nichts zu schaffen! Heute nacht habe ich seinetwegen im Traum viel erlitten!

PILATUS: Geh! Ich tue, was ich kann. Die Menge wartet.

2. PILGER: Habt ihr das gehört? Sie bittet für Jesus. Aber es wird nicht viel nützen. Pilatus tut doch, was die Hohenpriester ihm sagen. – Was sind das für bewegte Tage in Jerusalem. Als Jesus vor ein paar Tagen auf dem Esel durch das Tor geritten kam, da haben alle Leute Palmenzweige geschwenkt und ihm zugejubelt! Mir klingt es noch immer in den Ohren: „Hosianna dem, der da kommt im Namen des Herrn!" Das werde ich so schnell nicht vergessen.

3. PILGER: Sei doch still, Pilatus spricht nun zum Volk. Jetzt können wir alle entscheiden, ob Jesus leben soll.

2. PILGER: Da hast du ihre Antwort. Hörst du, wie sie schreien: „Gebt uns Barabbas frei! Ans Kreuz mit Jesus!"

3. PILGER: So wird es auch geschehen! Mag Claudia noch so viele Träume haben –, Jesus wird heute sterben müssen. Da, sieh dir Judas an!

1. PILGER: Voll Entsetzen wendet er sich ab. Sein Gesicht ist dunkelrot . . . Wohin will er nur so eilig? Jetzt läuft er fort – allein die dunklen Gassen hinunter, ganz allein!

4. Szene: Auf dem Feld

Judas – Sprecher (Evangelist)

JUDAS: Weh mir! Habe ich es recht gehört: „Ans Kreuz mit ihm!"? Ach, wäre es doch nur ein dunkler Traum! Könnte ich doch erwachen und wäre wieder an seiner Seite! Erst gestern war es, als sie das Mahl feierten: Da war ich ihm so nah, daß wir uns berührten. Er sah mich lange an, und ich mußte die Augen niederschlagen. Dann stand ich auf und schlich mich weg zu Kaiphas. Als ob die Juden nicht allein den Weg gefunden hätten. Es wußten ja so viele, wo wir waren, und Jesus hatte sich auch gar nicht versteckt. Als ob mich eine böse Macht dorthin getrieben hat.

Ich habe meinen Herrn verraten
mit dem trügerischen Kuß.
Vor den Augen seiner Feinde
Spott und Leid er dulden muß.

Gebt mir meinen Jesus wieder!
Seht, das Geld, den Mörderlohn,
werf ich, der verlorne Sohn,
euch zu Füßen nieder.

Herr, zu Ende ist mein Leben!
Seht, mein Jesus ist gebunden.
Herr, wirst du mir jetzt vergeben
in der letzten meiner Stunden?

EVANGELIST:

Noch verzagt sind alle Jünger,
laufen dort, von Angst zerstreut.
Doch die Botschaft wird getragen
über alle Meere weit.
Und ist diese Nacht auch dunkel,
spricht der Herr: So zage nicht!
Bei mir findest du das Leben,
Heil und Hoffnung, Trost und Licht.

•Wir singen und beten

Text: Barbara Cratzius
Melodie und Akkord-Bezeichnung:
Herbert Beuerle 1984

Unser Herr ist auferstanden

Osterlied der Frauen am Grab
(Mark. 16, 1–8)

Text: Barbara Cratzius
Melodie: Martin Gotthard Schneider

2. Der Stein ist groß, der Stein ist schwer,
wer wälzt ihn von des Grabes Tür?
Doch seht: Das Grab ist aufgetan,
und unser Herr ist nicht mehr hier.
Die Höhle ist nun leer.

3. Der Bote Gottes tröstend spricht:
Es ist erstanden euer Herr.
Ihr Frauen, fürchtet euch doch nicht,
es strahlt euch hell das Osterlicht.
Der Herr wird bei euch sein.

4. Nun lobt und preiset alle Welt
und rufet laut: Halleluja!
Wir heben fröhlich das Gesicht,
der Herr ist uns auf Erden nah.
Wir danken alle Gott.

Text: Barbara Cratzius
Melodie: Martin Gotthard Schneider

Osterlied

2. Hört, wir können nicht mehr schweigen,
hört, was Ostern ist geschehen!
Sie lief in die Häuser
und sagte es allen,
wir waren voll Zweifel,
der Herr war doch tot?
Dann haben auch wir ihn gesehen!

3. Hört, wir können nicht mehr schweigen,
hört in diesen Ostertagen!
Der Herr hat gesprochen,
hat Frieden verheißen,
ließ Wunder geschehen,
sein Grab – das ist leer!
Vorbei ist das Zweifeln und Zagen!

4. Hört, wir können nicht mehr schweigen,
hört in diesen Ostertagen:
Der Herr ist erschienen,
er ging uns zur Seite,
nach Emmaus zog er
und teilte das Brot.
Das wollen wir aller Welt sagen!

5. Hört, ihr Menschen, was geschehen,
hört es doch in allen Landen!
Der Herr hat zerbrochen
die Mächte des Todes.
Wir jubeln und singen,
so hell ist die Welt:
Der Herr, er ist auferstanden!

Graue Raupen, hört doch her

Text: Barbara Cratzius
Melodie: Rolf Schweizer

2. Mühsam in dem Sand und Staub,
über Stock und Steinen
kommt ihr langsam nur voran
mit den Stummelbeinen.

3. Ihr seht Wolken, Sterne nicht
und denkt nur ans Fressen!
Habt im Dunkeln, ohne Licht,
goldnen Glanz vergessen.

4. Raupen, euer Weg ist karg
auf der dunklen Erden.
Doch aus eurem Puppensarg
sollt ihr frei einst werden.

5. Flügel werden wachsen euch,
warme Winde wehen.
Ihr fliegt in ein schönres Reich,
dürft die Sonne sehen.

6. Durch die Flügel scheint das Licht,
zarte Aderbahnen.
Hell wird euer Angesicht,
das dürft ihr schon ahnen.

7. Gold und Licht im Flügelschlag,
Blütenkelche winken,
taumelnd in den neuen Tag
dürft ihr Nektar trinken.

8. Raupen, das versteht ihr nicht?
Denkt ihr nur ans Fressen?
Ihr dürft doch das helle Licht
nicht im Staub vergessen!

9. Graue Raupen, glaubt mir nur,
ihr sollt mir vertrauen.
Bald könnt ihr die goldne Spur
neuen Lebens schauen!

Kinderlied zu Ostern

Text: Barbara Cratzius
Melodie: Rolf Schweizer

2. Lämmchen, sieh, der gute Hirte
trägt dich sanft auf seinen Armen.
Jesus liebt uns wie ein Hirte,
tröstet, hat mit uns Erbarmen.

3. Henne, spann die Flügel weit,
will die Küken warm bedecken,
auch wir Menschen sind behütet,
wenn uns Angst und Dunkel schrecken.

4. Häschen streckt die langen Ohren
wachsam hoch aus grünem Grase.
Du willst warnen uns und wachen,
dank dir, lieber brauner Hase.

5. Phönix, großer stolzer Phönix,
du bist Bild des neuen Lebens,
trittst hervor aus toter Asche,
bist als Zeichen uns gegeben.

Osterlied

Melodie: Gelobt sei Gott im höchsten Thron

1. Nun freut euch, Menschen, groß und klein,
das Osterlicht scheint hell herein,
wir sind auf Erden nicht allein.
Halleluja!

2. Es singt und jubelt alle Welt,
kein Grab, kein Stein den Heiland hält.
Gott hat besiegt den dunklen Tod.
Halleluja!

3. Sehr ihr das helle Morgenlicht?
Ihr Menschen hört, fürchtet euch nicht.
Kommt, laßt uns loben unsern Herrn.
Halleluja!

4. Wir danken dir, Herr Jesu Christ,
der du vom Grab erstanden bist.
Sei du uns nah an jedem Tag.
Halleluja!

Wir beten

Herr Jesus Christus,
die beiden Jünger auf dem Weg nach Emmaus waren traurig. Du hast ihnen die Augen geöffnet und gezeigt, daß du lebst und bei ihnen bist. Laß auch uns froh werden, weil du lebst. – Die Jünger haben eine große, brennende Freude empfunden. Sie haben andere mit ihrer Freude angesteckt. – Laß auch uns die Osterfreude weitertragen! Amen.

Guter Gott,
in den Tagen um Ostern beginnt auf den Feldern die Saat zu wachsen. So sollen auch wir wachsen, denn Jesus hat uns neues Leben geschenkt. Sein Geist soll in uns lebendig sein und uns mit Freude und Begeisterung erfüllen. In unserem Leben dürfen Unfrieden, Neid und Feindschaft keinen Platz mehr haben. Herr, hilf, daß Frieden in unseren Herzen einkehrt und daß wir auch anderen Menschen Frieden bringen. Amen.

Lieber Gott,
wir danken dir, daß du Jesus auferweckt hast. Mit der großen Osterfreude kommt Licht in unser Leben. Wir möchten dieses Licht und diese Freude allen Menschen bringen, denen wir heute begegnen. Dazu hilf uns. Amen.

Herr Jesus Christus,
du hast den traurigen Jüngern im Boot am See Tiberias neuen Mut geschenkt. Du hast mit ihnen das Mahl geteilt und sie frohgemacht.
Du hast den Tod besiegt und lebst auf neue Weise mit uns.
Du hast gesagt: Ich lebe, und ihr sollt auch leben. – Vielen Menschen wollen wir davon erzählen und unsere Osterfreude weitertragen. Amen.

●Wir basteln

Im Bastelteil wird mehrmals das Motiv des Schmetterlings aufgegriffen. Raupe – Puppensarg – Schmetterling: Das ist für Kinder eine Beobachtung, die sie selbst schon gemacht haben. Zusätzlich zu den geformten Texten sollte man den Kindern eine Erzählung anbieten, die den schwer erfaßbaren Zusammenhang: Nacht – Sterben – Licht – neues Leben näher in ihren Erfahrungsbereich rückt.

Alle Kinder kennen die dicken, oft häßlichen grünen oder grauen Raupen.

Ganz langsam nur kommen sie vorwärts. Stunde um Stunde plagen sie sich, um mit ihren kurzen Stummelbeinen an den Stengeln der Pflanzen hochzuklettern. Sie gucken nicht nach oben, sehen nicht das Licht der hellen Sonne. Meistens sitzen sie auf der dunklen Unterseite der Blätter und fressen und fressen. Sie hören nicht auf die Lieder der Vögel, sie können sich nicht in die Lüfte schwingen und am Glanz des Regenbogens freuen.

Ein guter Mensch hatte Mitleid mit diesen armen Raupen. Er sagte: „Es wird nicht mehr lange dauern, dann ist euer mühseliges Leben zu Ende. Ihr werdet euch verwandeln, ihr werdet nicht mehr schwerfällig umherkriechen und euch vollfressen." Aber die Raupen konnten ihm nicht glauben.

Als der Mensch dann weiter sagte: „Aus eurem dunklen Puppensarg werdet ihr euch erheben, Flügel werden euch wachsen, und ihr werdet euch empor ins helle Licht schwingen", da lachten ihn die Raupen noch mehr aus.

„Laß uns in Ruhe", sagten sie, „wir wollen weiterfressen, hier im Dunkeln bei unseren Kohlblättern!"

Da wandte sich der Mensch traurig ab. – Aber wenn er die Augen zumachte, dann konnte er die vielen bunten Schmetterlinge sehen, die an den warmen Frühlingstagen über die Wiesen gaukeln.

Uns Christen ist durch Christus die Hoffnung geschenkt worden, daß der Tod besiegt ist. Auf alten Grabsteinen wurde diese Osterhoffnung oft durch das Bild des Schmetterlings dargestellt. Die Raupe (= unser irdischer Leib) vergeht. Sie verwandelt sich in ein Wesen völlig neuer Art, das sich in den Himmel erheben kann.

Ein Hahn als Spaltschnitt (Verleugnung des Petrus)

(Idee und Zeichnungen: Sigrid Helle)

Das wird gebraucht: Schwarzes Tonpapier oder Scherenschnittpapier, Schere, Alleskleber.

So wird es gemacht: Man zeichnet einen Hahn so auf schwarzes Papier, daß er sich in einem Stück ausschneiden läßt. Dann werden durch Zerschneiden die Hauptkörperteile voneinander getrennt (Kopf, Hals, Rumpf, Beine, Schwanz) und in der richtigen Reihenfolge auf das Untergrundpapier gelegt, auf das der Hahn später aufgeklebt werden soll.

Nun kann man durch Verschieben der Teile gegeneinander den Hahn in „Bewegung" bringen, so daß er z. B. den Hals ganz lang streckt, läuft usw.

Dies kann man noch dadurch verstärken, daß einzelne Teile durch Zerschneiden weiter zergliedert werden. Die Halskrause wird z. B. in einzelne Federn zerlegt, die dann auf dem Bild so angeordnet werden, als würden sie sich sträuben; der Schwanz wird ebenfalls in einzelne Federn zergliedert und so angeordnet, als wäre er aufgerichtet oder gespreizt.

Wichtig: Alle Teile sollten sofort nach dem Zerschneiden wieder geordnet werden, damit die Stücke nicht durcheinandergeraten.

Der Abstand zwischen den Teilen sollte nicht zu groß sein, damit der optische Zusammenhang nicht verlorengeht. Am besten wirkt es, wenn die Spalten wie weiße Linien erscheinen.

Zum Aufkleben nimmt man nacheinander jedes Teil auf und klebt es gleich wieder an seinen Platz. So können keine ungewollten Verschiebungen entstehen.

Schmetterling als Spaltschnitt

(Idee und Zeichnungen: Sigrid Helle)

Material und Technik vgl. Spaltschnitt „Der Hahn“. Da der Schmetterling aber eine symmetrische Figur hat, geht man nach folgendem Schema vor:

a) Tonpapier falten
b) eine Hälfte des Schmetterlings aufzeichnen und ausschneiden

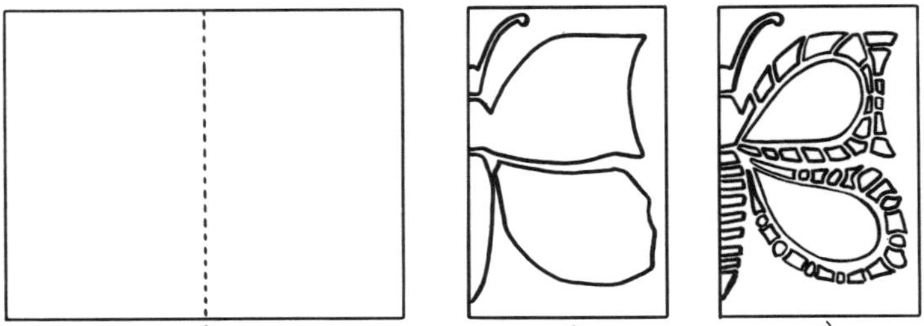

a) b) c)

c) in Einzelteile zerlegen und durch weiteres Spalten Muster auf Körper und Flügeln erzeugen
d) aufklappen und, nachdem man die Teile spiegelgleich angeordnet hat, aufkleben.

Diese Bastelarbeit erfordert Geschicklichkeit und ist deshalb für größere Kinder geeignet.

Transparentbilder mit Ostermotiven

Material und Arbeitsanleitung vgl. die weihnachtlichen Transparentbilder (Seite 50).

Bei den österlichen Bildern sollten wir darauf achten, daß helle, leuchtende Farben den Glanz des Osterlichtes erkennen lassen. Lediglich beim Bild des Grabes kann der Hintergrund dunkler sein, damit sich die Strahlen des Lichtes und die Grabtücher um so stärker abheben.

Kartoffeldruck

für Grußkarten, Einladungskarten, Tischkarten, Osterdecken

Arbeitsmaterial: Kartoffeln, Messer, Holzbrettchen, Pinsel, Plaka- oder Wasserfarben, alte Zeitungen zum Unterlegen.

Arbeitsanleitung: Wir legen eine Kartoffel auf das Holzbrettchen und schneiden sie durch. Aus der Schnittfläche heben wir nun unser „Muster“ aus: ein Dreieck oder Viereck, einen Kreis, ein Oval, ein längeres, schmales Dreieck . . .

Alle Teile, die nicht mitdrucken sollen, müssen tiefliegen. Die „Stempelflanken“ sollten sich nach unten verbreitern, damit die Stempelfläche beim Drucken nicht abbricht.

Nun streichen wir die Farbe mit dem Pinsel und wenig Wasser

auf die Stempelfläche und pressen den Stempel auf das Papier. Wenn man möglichst gleichmäßig drucken will, muß man den Stempel nach jedem Abdruck neu einfärben. Der Stempel wird vor jedem Farbwechsel gut abgewaschen.

Mit etwas Übung kann man auch Blätter und Blüten drucken; mit Stoffarben sogar kleine Sets, Servietten oder eine Decke für den Ostertisch verzieren.

Für die Osterkarten ist auch ein großes „A“ geeignet als Zeichen für die Auferstehung. Auch ein A und Ω werden gelingen. Es sind der Anfangs- und Endbuchstabe des griechischen Alphabets. Sie werden oft auf Jesus bezogen, weil er der Anfänger und Vollender unseres Glaubens ist (Offb. 1, 8).

Schmetterlinge aus Wäscheklammern

Arbeitsmaterial: Holzwäscheklammern (Drahtfeder entfernen), leichter Karton, Buntpapier, Wasserfarben (oder Plaka), Alleskleber.

So wird's gemacht: Wir malen die Wäscheklammern dunkelbraun oder hellgelb (Zitronenfalter) an. Nun schneiden wir als Faltschnitt die Flügel des Schmetterlings aus dem leichten Karton. Wir verzieren sie mit Ornamenten aus Buntpapier (Anregungen dazu vielleicht aus einem Biologiebuch oder Lexikon). Jetzt bestreichen wir die beiden glatten Seiten der Wäscheklammer mit Klebstoff, schieben die Flügel und die Fühler dazwischen und drücken die Klammerteile fest zusammen.

Man kann die Schmetterlinge als Osterüberraschung an einen Strauß mit knospigen braunen Zweigen hängen oder daraus ein Mobile anfertigen.

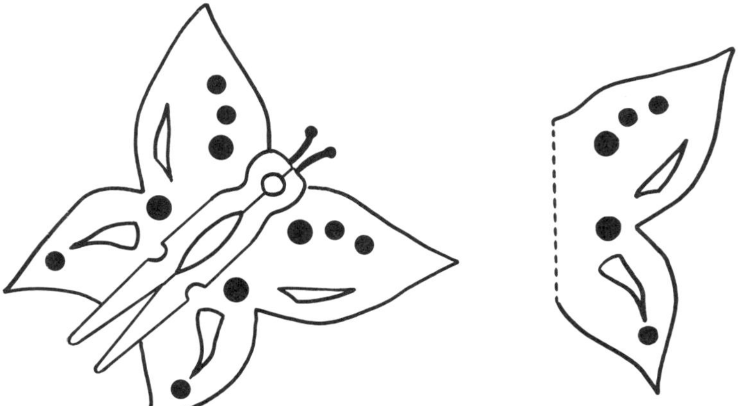

Pfingsten

Pfingsten mit Kindern gestalten! Wenn wir ehrlich sind, müssen wir uns eingestehen, daß wir uns oft davor „gedrückt" haben. Sturmbrausen, Flammenzungen, reden in fremden Sprachen, Ausgießung des Heiligen Geistes – wie wollen wir das Kindern deutlich machen?

Wie können wir Kinder „in Bewegung" setzen, wie in der Weise motivieren, daß sie wirklich „mit Herzen, Mund und Händen" etwas von der ansteckenden Pfingstfreude spüren?

Im folgenden will ich versuchen, Vorschläge für das Pfingstfest zum Singen, Spielen und Gestalten zu geben. Dabei sollen die Kinder das Ereignis von Pfingsten nicht nur als historisches Geschehen an sich vorüberziehen lassen, sie sollen vielmehr in fröhlicher Gemeinschaft zu aktiver Gestaltung angeregt werden.

Zunächst sollte man nachlesen, wie Menschen in der Bibel versucht haben, das Geschehen des Heiligen Geistes in Worte zu fassen. Schon in den Psalmen lesen wir von Begegnungen und Erfahrungen mit dem Geist Gottes; u. a. in Psalm 51, 12: „Schaffe in mir, Gott, ein reines Herz, und gib mir einen neuen, gewissen Geist."

Oder in Psalm 143, 10: „Hilf mir, nach deinem Willen zu leben; denn du bist mein Gott! Dein Geist ist gut."

Jesaja 32, 15–17: „So wird es bleiben, bis Gottes Geist über uns kommt. Dann wird die Wüste zu einem Obstgarten, und der Obstgarten wird zu einem wahren Wald . . . im ganzen Lande werden Liebe und Treue zu Hause sein. Wo aber Liebe und Treue herrschen, da bewirken sie Frieden und Wohlstand, Ruhe und Sicherheit."

Römer 8, 4–6: „Denn unser Leben wird jetzt vom Geist Gottes bestimmt und nicht mehr von unserer selbstsüchtigen Natur. Wenn Gottes Geist in uns wohnt, liegt uns alles daran, diesem Geist in unserem Leben Raum zu geben. Die eigenen Wünsche führen zum Tod. Der Geist Gottes dagegen schenkt Leben und Frieden."

Aus der Apostelgeschichte erfahren wir, daß sich den Aposteln zu Pfingsten Türen auftaten, daß sie aus ihrer Angst, ihrer Enge heraustraten und die Fülle des Heiligen Geistes empfangen durften.

Auch die Kinder sollen ihre Ängste artikulieren; sie sollen den Anspruch und die Hilfe Gottes erfahren. So habe ich bei der Entfaltung der Pfingstgeschichte „Angst-Steine“ und „Hoffnungs-Steine“ aufschichten lassen.

Die Apostel waren *einmütig* beieinander, sie fanden sich – bewegt vom Heiligen Geist – zu einer großen Gemeinde zusammen, um Gottes Wort auszubreiten (Pfingsten als „Geburtsstunde“ der Gemeinde, der Kirche).

In freier Übersetzung habe ich mit Kindern Galater 5, 22 besprochen, wo Paulus die Wirkungen des Heiligen Geistes beschreibt:

. . . daß ihr liebevoll miteinander umgeht,
. . . daß ihr Freude miteinander teilt,
. . . daß ihr untereinander Frieden haltet,
. . . daß ihr geduldig miteinander seid,
. . . daß ihr freundlich und herzlich miteinander seid,
. . . daß ihr euch gegenseitig Gutes tut,
. . . daß ihr einen festen Glauben habt,
. . . daß ihr euch selbst beherrscht.

In dieser oder ähnlicher Weise werden schon die Apostel zu Pfingsten die Wirkungen des Heiligen Geistes erlebt haben. Sie waren so sehr vom Heiligen Geist erfüllt, daß ihre „Be-Geisterung“ sie dazu trieb, die empfangene Gabe weiterzureichen und die Botschaft frei und mutig zu verkünden.

Der Heilige Geist bewirkte auch, daß die Menschen verschiedener Sprache die Predigt des Petrus verstehen konnten und untereinander Gemeinschaft fanden. Das Ereignis von Pfingsten schenkt uns die Hoffnung, daß Trennung und Zerstreuung der Menschen – wie sie in der Geschichte vom Turmbau entfaltet sind – einmal überwunden sein werden.

Ich habe mit Kindern in der Zeit vor Pfingsten die Geschichte vom Turmbau dargestellt. Dieser Text kann von den Kindern mit eigenen Worten als Prosatext oder in der angegebenen, geformten Sprache erzählt werden. Kinder sind für geformte Sprache sehr empfänglich. Ich habe immer wieder erlebt, daß ein Text in gebundener Sprache viel länger im Gedächtnis bleibt. So kann diese Form der Darbietung für unsere reizüberfluteten, konzentrationsschwachen Kinder zur Hilfe werden. Zu diesem Text können dann die entsprechenden Lieder vom „Turmbau“ gesungen werden. Pantomimisch bzw. mit einfachen Requisiten (z. B. Apfelsinenkisten oder bemalten Pappkartons) läßt sich der Turmbau auch darstellen.

Ausgehend vom Turmbau zu Babel ist der Hinweis möglich, daß wir auch heute noch „Türme“ bauen: Türme der Angst und des Zorns.

Nach dem Bau von „Angsttürmen“ und „Zornestürmen“ sollte aber auch ein „Turm des Vertrauens“ errichtet werden. Der Bau eines „Friedensturmes“, eines „Kinderturmes“, in dem Kinder verschiedener Länder und Sprachen zu gemeinsamem Spiel zusammenfinden, könnte folgen.

Gestaltungsvorschlag

Zunächst errichten wir unsere „Angstmauer“.

Möglichst gleichgroße Kartons werden wie Mauersteine angemalt. Auf große weiße Bögen schreiben wir, was uns Angst macht, was uns „in Wut“ bringt:

... ich habe oft Angst, wenn meine Eltern sich streiten,
... ich habe Angst, wenn ich eine schlechte Arbeit nach Hause bringe,
... ich habe Angst vor dem Zahnarzt,
... ich mag am Sonntag nicht so weit mit dem Auto fahren, dann wird mir so übel; Vater schimpft, Mutter ist schlechter Laune; sonntags ist es immer schrecklich bei uns,
... ich habe solche Wut auf meine Klassenkameraden. Die lachen mich immer aus, weil ich nicht so gut Fußballspielen kann,
... weil ich nicht schwimmen kann,
... weil ich nicht so modern gekleidet bin wie die anderen.

Die „Wut- und Angststeine“ sollten etwas unordentlich aufgeschichtet werden, so daß eine schiefe „Angst- und Zornmauer“ entsteht.

Im gemeinsamen Gespräch erwächst dann die Hoffnung, daß Gott unsere Mauern, unsere „Türme“ durchbrechen kann, daß wir aus unserer Enge heraustreten und den Weg zu anderen Menschen finden können. Es macht den Kindern in der Regel großen Spaß, eine solche Angstmauer mit großem Getöse einstürzen zu lassen. Dazu wird dann gesungen:

Text: Barbara Cratzius
Melodie: Herbert Ring

Nach dem Einstürzen der Angstmauer überkleben wir unsere Angst- und Wutgedanken mit Worten aus der Bibel, die Mut, Vertrauen, Schutz, Liebe, Trost, Hoffnung ausdrücken: z. B. folgende Psalm-Worte: Ps. 4, 2; Ps. 5, 13; Ps. 16, 7–9; Ps. 56, 5; Ps. 57, 8–9; Ps. 84, 1–2. Geeignet sind aber auch andere Bibelworte.

Diese neue Burg muß dann sehr exakt und genau „gemauert“ werden. Am Schluß ziehen die Kinder singend um die Burg herum:

Text: Barbara Cratzius
Melodie: Herbert Ring

2. Kommt, wir bauen eine Burg,
die soll groß und sicher sein;
und wir holen Freude, Hoffnung
mit in unsre Burg hinein.

3. Kommt, wir bauen eine Burg,
die uns Schutz und Zuflucht schenkt.
Und wir danken Gott, dem Herrn,
der uns alle liebt und lenkt.

Mit älteren Kindern kann man anschließend gemeinsam die Bibelstellen lesen, in denen von Gott als einem Felsen, einer sicheren Burg gesprochen wird (Ps. 18, 3; Ps. 31, 3; Ps. 91, 2; Ps. 40, 3; Ps. 62, 3).

Mit größeren Kindern kann man die Turmbaugeschichte sowie Szenen aus der Pfingstgeschichte malen. Die beigefügten Kinderzeichnungen verdeutlichen, in welch unkomplizierter Weise Kinder das Pfingstgeschehen aufnehmen und darstellen.

Den Schluß kann dann ein gemeinsamer Kerzen- oder Laternenumzug bilden. Das gemeinsame festliche Spiel sollte in jedem Fall mit einem Gebet abgeschlossen werden.

Foto: Dieter Klaus

•Wir erzählen

Komm, wir spielen zusammen

Mark, Olaf und Andreas sind in den Ferien mit ihren Eltern an die Ostsee gefahren. Aber leider hat es tagelang geregnet, immer wieder ziehen dunkle, graue Regenwolken über das Wasser.

„Das sind ja doofe Ferien!“, mault Mark. „Am liebsten würde ich morgen wieder nach Hause fahren!“ Aber am nächsten Tag scheint endlich die Sonne.

Die drei Jungen sind schon frühmorgens an den Strand gelaufen und bauen einen großen Hafen direkt am Wasser.

„Los!“, ruft Mark, „hier müßt ihr noch einen langen Wasserarm buddeln, und die Fahrrinne im Hafenbecken müssen wir tiefer ausschachten für die großen Schiffe!“

Sie schaufeln fleißig, ohne hochzugucken. „Und jetzt müssen wir noch die Zufahrtsstraßen für die Laster bauen, breite Straßen. Ich hab' doch meinen Tankwagen und den Kieslaster im Strandkorb!“, ruft Andreas.

Sie ebnen den warmen, weißen Sand und lassen die Autos hin- und herkurven.

„So, und jetzt alle Schiffe rein in den Hafen!“, schreit Mark. – „Meine Fähre hat doch schon ein Leck!“, ruft Olaf. „Ach, das ist nicht so schlimm, dann müssen wir eben Wasser schöpfen, hol sie her!“, schreien die andern.

Ein paar Meter entfernt liegen zwei schwarzhaarige, braungebrannte Jungen im Sand. Es sind Rafael und Pedro aus Spanien. Rafael ist vier Jahre alt und buddelt mit seinem blauen Eimer und dem kleinen Spaten im Sand. Der große Bruder ist zwei Jahre älter. Sehnsüchtig schaut er zu den drei Jungen hinüber und robbt sich langsam, Meter für Meter, heran. Seine rote Fähre mit den weißen Beibooten zieht er neben sich durch den Sand.

Mark, Olaf und Andreas sind so in ihr Spiel vertieft, daß sie die beiden gar nicht bemerken.

„Du, meine Fähre säuft ab!“, schreit Mark. „Nimm sie raus, laß bloß die Beiboote ins Wasser!“, ruft Olaf. „Die sind doch so leicht, die kippen sofort um!“ Mark sieht sich hilfesuchend um.

Wenn er doch bloß das große alte Boot von Opa mitgenommen hätte. Das ist zwar schon ein bißchen verrostet, aber es würde bestimmt nicht so leicht umkippen!

„Hier – mein Boot gut!“, hört er da hinter sich eine Stimme. Mark dreht sich um. „Was willst du denn hier? Zieh Leine! Das ist unsere Burg!“, ruft Andreas.

„Hier – Boot gut!“, sagt Pedro noch einmal leise. „Schaufel von Rafael gut!“

„Alles gut, gut!“, grinst Olaf. „Lern du erst mal besser Deutsch!“

„Na, gib schon her!“, ruft Mark.

„Du, deine Fähre ist wirklich gut! Die schwimmt ja Klasse!“, schreit Andreas.

Da – eine große Welle schlägt in das Hafenbecken. Die Fähre ist nicht umgekippt, aber die Kaimauern sind zerschlagen und überspült.

„Ich Sand holen!“, ruft Pedro und schaufelt wie wild einen großen neuen Wall auf.

Der kleine Rafael schleppt unermüdlich neuen Sand in seinem Eimer herbei. Dann übergießt er den Wall vorsichtig mit Wasser, damit er richtig fest wird.

Die Jungen sind ganz vertieft in ihre Arbeit. Sie müssen sich mächtig anstrengen, denn immer wieder fährt draußen ein Frachter oder ein Hafendampfer vorbei. Dann schlagen hohe Wellen an das Ufer.

„Pedro, Rafael! A la cama!“, ruft eine Stimme von der Strandpromenade her. Eine dunkelhaarige Frau mit einem kleinen Mädchen an der Hand schiebt einen alten Kinderwagen durch den Sand. „Ihr gut spielen?“, fragt sie und blickt die Jungen freundlich an.

„Ihr gut Deutsch sprechen mit Rafael und Pedro! Kinder gern spielen mit Sand. In Malaga viel Sonne, viel Sand, Wasser warm! Hier in Deutschland viel kalt! Morgen wieder spielen?“

„Ja, ja!“, rufen die drei Jungen. „Morgen bauen wir noch einen Flugplatz für Hubschrauber neben dem Hafen!“

Pedro und Peter

„Los! Anstoß! Du bist dran!", schreit Peter und treibt die leere Konservendose über den Schulhof. „Hierher! Vorlage!", brüllt Marc und läuft sich frei.

„Du, paß auf! Da kommt Frau Richter! Wenn *die* Aufsicht hat, dürfen wir nicht in der Pause Fußball spielen!", warnt Peter.

„Ach, alles ist verboten!", mault Marc. „Und dabei ist es so kalt draußen! Wenn es bloß bald klingelt!" Die Hände in den Hosentaschen biegen sie um die Ecke der Turnhalle – und prallen genau gegen einen kleinen dunkelhaarigen Jungen, der vor Schreck seine Tasche fallen läßt.

„Dios mio!", schreit eine fremdländisch aussehende Frau. Die Frau mit der dunklen Hautfarbe und dem enggeschlungenen Kopftuch bückt sich und hilft dem Jungen auf die Beine. Die Plastiktüte mit Heften und Schreibsachen ist zerrissen. Alles liegt am Boden verstreut.

Da ist auch schon Frau Richter. „So, nun helft mal!", fährt sie die umstehenden Kinder an.

„Ach, das ist ja der neue Schüler, der Pedro, der soll in die Klasse 3 a!"

„Auch das noch! In unsere Klasse!", sagt Marc leise zu Peter. „Die sehen ja aus wie Zigeuner! Ich glaube, das sind die Leute, die vor ein paar Tagen bei unsrem Nachbarn in die Dachwohnung eingezogen sind. Weißt du, bei euch gegenüber! Und sie kochen alles mit Knoblauch, das ganze Haus stinkt schon danach!“

Da klingelt es zur Stunde. Die Kinder stürzen in die Klasse. Nils hat die Türwache und ruft: „Kinder, seid leise, Frau Petersen kommt! Sie bringt diesen schwarzen Spanier mit!“

Erwartungsvoll sitzen die Kinder da und betrachten neugierig den schüchternen Jungen mit seiner komischen, gestreiften Hose und dem Plastikbeutel als Schultasche in der Hand.

„So, ich hoffe, ihr seid nett zu Pedro!“, sagt Frau Petersen. „Er kann erst ein paar Wörter Deutsch. Ihm ist alles so fremd hier in Deutschland. Und ausgerechnet bei diesem kalten Wetter ist er zu uns gekommen!“

„Habt ihr eigentlich in Andalusien auch Schnee?“, fragt sie auf Spanisch.

Pedro schüttelt den Kopf und wird rot. „Na, du wirst dich schon eingewöhnen! Setz dich mal dort ans Fenster, neben Peter, da ist ja noch ein Platz frei!“

Peter schneidet eine Grimasse zu Marc hinüber. „Auch das noch!“, denkt er. Pedro drückt sich scheu auf seinen Platz und faltet artig die Hände.

Peter stößt seinen Nachbarn an. „Du, der denkt, bei uns fängt der Unterricht mit Beten an!“

Peter und Michael können sich kaum das Kichern verkneifen.

„Na, Peter, wenn du so guter Stimmung bist, dann hilf mal gleich dem Pedro die Hefte auspacken! Vielleicht hat er ja sein Mathe-Heft dabei!“

Dann geht's ans Rechnen! Wiederholung kleines Einmaleins, Umwandlung km – cm, Stunden – Minuten – Sekunden – alles blitzschnell und konzentriert; keiner ist mehr abgelenkt.

Die Lehrerin schreibt zwischendurch eine Sachaufgabe an die Tafel und fordert Pedro auf Spanisch auf, mitzurechnen. Tatsächlich, er versteht es; sogar beim Wettrechnen hebt er schüchtern die Hand. –

„Das geht ja prima!“, lobt Frau Petersen. Dann geht es an die schriftlichen Sachaufgaben. Die kann Peter gut, da ist er meistens als erster fertig. Unwillig schaut er auf, als Pedro ihm schüchtern auf den Arm tippt. „Laß mich in Ruhe, ich rechne!“, zischt er wütend. – „Lapiz, lapiz!“, flüstert Pedro bittend. „Halt den Mund!“, stößt Peter hervor. „Was ist denn das für eine Unruhe?“, fragt Frau Petersen.

„Lapiz, lapiz!“, bittet Pedro wieder. „Ach, einen Bleistift willst du haben! Hier, nimm meinen!“, lacht Frau Petersen freundlich.

Als es zum Schulschluß klingelt, sagt die Lehrerin zu Marc und Peter: „Unser Pedro kennt den Schulweg noch nicht so gut. Die Mutter von Pedro hat mich gebeten, daß ihn in den ersten Tagen Klassenkameraden begleiten, die in der Nähe wohnen. Ich glaube, für dich und Peter ist es kein Umweg, wenn ihr ihn nach Hause bringt!“

„Na gut!“, stößt Peter brummend hervor. Und zu Pedro: „Kannst mitkommen!“

Pedro hält sich eng an ihrer Seite. „Das fehlt noch, daß wir ihn jeden Tag wie ein Kindermädchen nach Haus bringen müssen!“, mault Marc. – „Du, Marc, hol mich um 4 Uhr zum Fußballtraining ab!“, erinnert Peter. „Sei pünktlich!“

Endlich stehen sie vor dem Haus von Pedro. „Adios, danke!“, sagt Pedro leise.

Kurz vor 4 Uhr klingelt es bei Peter. Ob Marc schon da ist? Peter jagt die Treppe hinunter. Pedro steht vor der Tür. Bittend schaut er ihn an. „Ich auch Fußball?“ fragt er leise.

Peter schaut ihn wütend an. „Nun reicht's aber! Nun soll ich dich auch noch mit zum Fußball nehmen!“ „Natürlich läßt du ihn mitgehen!“, sagt die Mutter.

Als das Training vorbei ist, klopft Marc dem Pedro anerkennend auf die Schulter: „Gutes Tor war das, Pedro!“

„Bitte, bitte, ich nicht verstehen! Was heißt: Linker Verteidiger? Stürmer? Vorlage? Bitte erklären! Bitte.“ – „Mensch, ich muß nach Haus!“, drängt Peter. – Aber Marc malt ein großes Fußballfeld mit einem Stock in den Sand, legt kleine Steine für die Spieler hin und tippt auf die einzelnen Figuren.

„Da – Stürmer! Da – Torwart!“ – „Bitte, bitte, wie heißt der?“ – „Mittelstürmer!“ – „Und der?“ „Verteidiger! Rechter Verteidiger!“

Langsam spricht Pedro die Worte nach. – „Bitte, bitte, wann wieder Spiel?“

„Mensch, ich habe überhaupt keine Zeit!“, drängt Peter wieder. „Bitte!“ Die großen schwarzen Augen betteln.

„Na gut, wir nehmen dich nächsten Mittwoch wieder mit! Du bist ein guter Spieler!“, gibt Peter schließlich nach. „Aber nun ab nach Hause!“

„Frau Petersen, der Pedro kann vielleicht Fußballspielen!“, berichten die Jungen am nächsten Tag. „Großartig, Kinder, ihr sollte möglichst an jedem Nachmittag mit Pedro spielen, dann wird er schnell Deutsch lernen. Holt ihn so oft wie möglich zum Spielen ab!“

„Brauchen wir gar nicht, der kommt schon von allein! So wie der betteln kann! Wie ’ne richtige Klette hängt er sich an uns!“

„Aber eigentlich ist er doch ein guter Kumpel!“, sagt Peter leise. „Komisch, zuerst habe ich gedacht, das ist bloß so ein doofer brauner Zigeuner!“, denkt er. „Außerdem heißt er fast genauso wie ich! Eigentlich gut, daß er neben mir sitzt!“

Wir verstehen uns

„Siehst du, wenn du nicht so getrödelt hättest, wäre uns der Zug nicht vor der Nase weggefahren!“, ruft die Mutter böse. – „Immer dasselbe! Du kannst ja nie pünktlich sein!“

Der Vater geht ohne ein Wort zur Theke und läßt sich einen Korn einschenken.

„Nun sitzen wir bei all den Ausländern zwei Stunden hier im Wartesaal herum und frieren und öden uns an!“ Die Mutter sieht sich wütend um.

Tatsächlich sitzen fast nur Spanier, Griechen und Türken auf den harten Bänken. Sie haben wohl Spätschicht gehabt und warten auf den letzten Zug.

Ingrid sitzt zusammengeduckt und ängstlich da. Wenn die Eltern sich bloß nicht wieder zanken vor all den Fremden!

Da holt auf einmal ein Spanier seine Gitarre heraus und klimpert ein paar Akkorde. Ein anderer stampft ein paarmal mit dem Fuß auf, wagt einige zögernde Schritte und beginnt dann, in schnellem Rhythmus zu tanzen, während der andere mit harter, kehliger Stimme dazu singt.

Die anderen klatschen den Rhythmus mit. Der Tanz ist so mitreißend, daß alle Gespräche verstummen. – Sogar der Vater hat sein Glas stehenlassen und kommt langsam näher.

Immer wieder werden Tänzer und Spieler angefeuert. – Als sie erschöpft innehalten, stehen einige Griechen auf, fassen sich an den Schultern und fangen an, nach ihren griechischen Liedern zu tanzen, zuerst langsam und dann immer schneller.

„Mas! Mas!“, schreien die Spanier. „Mehr, mehr!“, rufen die wenigen Deutschen. Mutter ruft auch laut mit.

Vater ist dicht hinter Mutter getreten. „Ist das nicht großartig!“, sagt er bewundernd. „Besser als im Fernsehen!“, antwortet Mutter ihm lachend. „Ich friere gar nicht mehr!“

Die Pfingstgeschichte (Apg. 2)

Jesus sprach: Ihr sollt beisammenbleiben,
brüderlich vereint; ihr seid ja nicht allein.
Wartet, bis ihr Gottes Geist empfanget,
der soll eure Kraft und eure Hoffnung sein.

Nach Jerusalem zum Fest des Erntedankes
strömten viele Menschen froh herein,
brachten ihre reichen Erntegaben,
wollten Korn und Trauben in dem Tempel weihn.

„Seht die Felder!“, sprachen da die Jünger,
„seht, das Korn ist reif, die Erntezeit ist da!
Glaubt und hofft, auch Gottes Zeit erfüllt sich,
kommt und seid bereit, sein Geist ist nah!“

Während sie die Worte noch bedachten,
fuhr ein Sturmwind brausend durch das Haus:
Wind und Licht und helle Feuerflammen!
Wie verwandelt stürmten sie hinaus.

Und sie schrien jubelnd durcheinander:
„Kommt, ihr Menschen, könnt ihr das verstehn?
Hört, wir haben Gottes Geist empfangen,
heute ist ein Wunder uns geschehn!“

Keiner blieb versteckt und voller Bangen,
wie es doch so lang gewesen war,
und sie sprachen frei vor allen Menschen,
machten Gottes Botschaft offenbar.

Alle Fremden konnten sie verstehen,
ob aus Persien, Rom, aus Griechenland.
Jeder hörte sie in seiner Sprache reden,
auch der Mann vom fernen Euphratstrand.

„Was soll das? Sind sie voll süßen Weines?
Warum stören sie so laut das Fest?"
Petrus sprach: „Keiner von uns hier ist trunken,
Gottes Geist uns heut frei reden läßt.

Alle Welt soll es durch uns erfahren,
Gottes Atem Kraft und Sprache gibt.
Jesus Christus sollen wir bezeugen,
denn durch ihn hat Gott die Welt geliebt.

Jesus ist durch euer Land gezogen,
viele Kranke hat er euch gesund gemacht!
Doch ihr ließet ihn gefangennehmen
und ihn töten in der dunklen Nacht.

Gott hat ihn vom Tode auferwecket,
und kein Grab, kein Felsen ihn mehr hält.
Gott hat alle Macht ihm übergeben.
Er ist Herr des Himmels und der Welt."

Da erschraken all die vielen Menschen:
„Sagt, ihr Jünger, kann uns Gott verzeihn?"
Petrus sprach: „Kehrt um und laßt euch taufen,
ihr sollt unsre lieben Brüder sein.

Miteinander wolln wir Frieden halten,
wollen hoffen, daß uns Gott vergibt,
daß in seinem Geist wir leben dürfen
und den Bruder lieben, wie Er uns geliebt."

•Wir singen und beten

Pfingstlied

Text: Barbara Cratzius
Melodie: Herbert Ring

2. Habt ihr vorm Haus dort den Petrus gesehn?
   Alle Welt kann seine Botschaft verstehn.
   Dafür sind wir alle hier Zeugen.

3. Hört, was uns Petrus voll Freude verheißt:
   Gott will uns senden den Heiligen Geist.
   Dafür sind wir alle hier Zeugen.

4. Laßt uns wie Brüder zusammen nun stehn,
   wie es den Menschen zu Pfingsten geschehn!
   Wir teilen, wir trösten, wir helfen.

Neues Pfingstlied

(Nach der Melodie: O komm, du Geist der Wahrheit)

1. Herr, schick den Geist der Liebe,
den Frieden in die Welt,
führ du uns Herz und Hände,
wohin du uns gestellt.
Wenn uns dein Geist geleitet,
wenn wir die Kraft gespürt,
dann sind wir hier auf Erden
von deiner Hand geführt.

2. Herr, schenke neue Augen,
daß wir den andern sehn,
und öffne uns die Ohren,
den Nächsten zu verstehn.
Gib Frieden unserm Herzen
und schick uns deinen Geist,
der Trost und Rat und Hilfe
und Hoffnung uns verheißt.

3. Hilf, daß wir Frieden üben,
bewege unser Herz,
daß wir den Bruder lieben
und fühlen seinen Schmerz.
Was nützen uns die Worte
und unsrer Rede Macht,
die Liebe ist das Höchste,
dazu schenk uns die Kraft.

Pfingstgebete

Wir sind mutlos geworden.
Lehre uns neu zu vertrauen.
Wir sind blind geworden.
Lehre von neuem uns schauen.
Wir sind taub geworden.
Lehre von neuem uns lauschen.
Wir sind sprachlos geworden.
Lehre von neuem uns sprechen.
Herr, rufe uns
zu neuem Aufbruch.
Herr, schrecke uns
mit deinem Anruf.
Herr, fülle uns
mit neuer Hoffnung.

Lieber Gott,
du hast deinen Aposteln deinen Heiligen Geist gesandt. Nun brauchten sie sich nicht mehr ängstlich zu verstecken, sondern konnten frei und mutig ihren Glauben bekennen und ihre Aufgaben erfüllen. Schenke auch uns den zündenden Funken deines Geistes, daß wir nach deinem Willen leben können. Schenke uns deinen Heiligen Geist, daß wir anderen Menschen in Liebe dienen können. Schenke uns deinen Heiligen Geist, daß wir anderen Menschen helfen und sie froh machen können.

Schenke uns, daß wir in rechter Gemeinschaft friedlich hier auf Erden im großen Menschenhaus leben können.
Amen.

Lieber Vater im Himmel,
wir bitten dich, daß dein Heiliger Geist in unseren Herzen wohnt. Schenke uns die rechten Worte, daß wir in deinem Geist miteinander beten können.

Wir möchten oft Gutes tun, aber wir schaffen es nicht allein. Gib uns darum deinen Heiligen Geist. Zerbrich die Mauern der Angst und des Zorns, und laß uns leben wie in einer sicheren Burg, die auf Fels gebaut ist.
Amen.

•Wir spielen

Der Turmbau zu Babel

Text: Barbara Cratzius
Vertonung: Martin Gotthard Schneider

Der Text kann von verschiedenen Mitspielern gesprochen werden. Auch die Lieder eignen sich als Sprechtext.

Die Geschichte, die ich heut erzähle,
ist vor sehr, sehr langer Zeit geschehn.
Menschen wollten einen Turm sich bauen,
hoch hinauf bis zu des Himmels Höhn.

Lied 1:

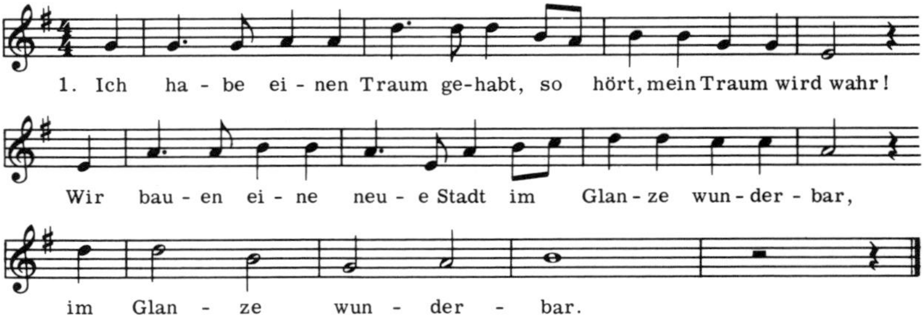

2. Die Stadt wird leuchten auf dem Berg,
wird Schutz und Burg uns sein,
und alle Völker ziehen dann
in ihre Mauern ein.

3. Und Brunnen fließen um die Stadt,
und Früchte trägt das Feld,
und mitten drin ein hoher Turm,
der höchste in der Welt.

4. Die Sonne nicht und Mondes Glanz
hat solchen hellen Schein,
wie unsre große goldne Stadt:
Bald ziehen wir hinein.

Einen Namen wollen wir uns machen!
Seht –, der Turm ist Zeichen unsrer Stadt,
und er soll von unserm Volke künden,
das den höchsten Bau auf Erden hat.

Groß und mächtig wolln wir Menschen werden
und dem hohen Himmel nahe sein.
Kommt, so laßt uns einen Turm errichten,
der ragt in die Wolken stolz hinein.

Stoßt den Spaten in die harte Erde,
grabt, ihr Freunde, helft, tagaus, tagein.
Dieser Bau schließt unser Volk zusammen,
wenn vereint wir setzen Stein auf Stein.

(Lied 1:)

5. Ich habe einen Traum gehabt:
Korn wuchs aus dem Gestein,
die Ähren wogten schwer im Wind.
Wann wird das einmal sein?

6. Ich habe eine Stadt gesehn,
die wuchs aus dem Gestein.
Der Turm, er ragte hoch empor.
Wann wird das einmal sein?

7. Ich habe einen Traum gehabt:
Wein wuchs aus dem Gestein,
die Trauben hingen schwer am Strauch.
Wann wird das einmal sein?

8. In meiner großen goldnen Stadt,
da blüht der Mandelbaum,
und weiße Knospen springen auf,
und das nicht nur im Traum.

Denkt nicht an die Äcker und die Herden,
dieser Bau allein nur gilt und zählt.
Groß wie Gott soll unser Volk noch werden,
wir allein sind stark und auserwählt.

Schlagt die Bäume, schichtet auf die Äste,
kommt und zündet nun ein Feuer an,
denn wir wollen neue Ziegel brennen,
daß der Turm noch höher wachsen kann.

Unsre Mauern wachsen, steigen weiter,
und das Sonnenlicht sie hell bescheint.
Werk und Zeugnis eines großen Volkes,
wie die gleiche Sprache uns vereint.

Lied 2:

2. Durch die breiten, schweren Mauern
können Feinde niemals dringen.
Groß ist unsre Stadt geworden,
unser Werk wird doch gelingen!

3. Nur das eine Ziel vor Augen,
haben wir auch Gott vergessen.
Wozu soll das Beten taugen?
Seht die Mauern unermessen.

4. Groß soll unser Name werden,
und es soll der Bau gelingen!
Unser Werk auf unsrer Erden!
Jubeln wolln wir laut und singen!

Niemand wird uns unser Bauwerk rauben,
das bleibt stehn in alle Ewigkeit,
riefen sie voll Stolz auf ihre Kraft.
Weh, da dröhnt und donnert es von weit.

Doch der Herr sah an der Menschen Werke
und ihr Streben, Bauen ohne Maß.
Sah, wie alle rastlos Steine türmten
und wie jeder Gott dabei vergaß.

Reicht die Steine, hört nicht auf das Brausen?
Weh, wir können uns nicht mehr verstehn!
Und sie rufen wirre Worte, schreien,
doch umsonst ist all ihr Bitten, Flehn.

Und der Turm, er schwankt, er bricht, zerschellt,
Menschen fliehen voller Angst davon.
Felsen rollen, und es stürzen Steine,
es zerfällt, das stolze Babylon!

Herr, verwirrt sind unsre armen Zungen,
ach, wir planten, bauten unermessen,
trauten unsrer Macht und Kraft und Stärke,
haben deinen Namen ganz vergessen!

Die Geschichte, die ich euch erzählte,
ist geschehen vor sehr langer Zeit.
Schenke, Herr, daß wir uns nicht erheben,
mach uns heute, Herr, für dich bereit.

Lied 3:

2. Und es stürzen Mauern, Türme,
Herr, wir wollten uns erheben.
Steh uns bei in unsern Ängsten,
in der Tiefe laß uns leben.

3. Wenn die Werke unsres Geistes
wachsen, steigen unermessen,
hilf, daß wir in unserm Schaffen
deinen Namen nicht vergessen!

•Wir basteln

Spiel mit dem Wind

(Idee und Zeichnungen: Elisabeth Scharafat)

Wir benötigen: Festes Papier (oder leichter Karton), Zirkel, Schere, Alleskleber, Bindfaden.

So wird's gemacht: Wir schneiden einen vorgezeichneten Kreis (Durchmesser 10 cm) aus festem Papier dreimal aus. Nun die

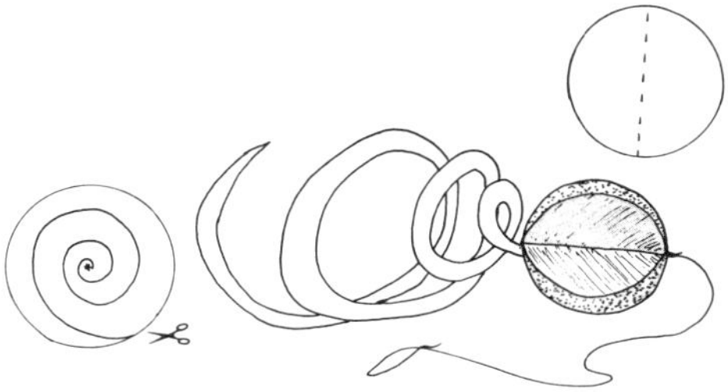

Kreise an der gestrichelten Linie falten, an den Faltlinien aufeinanderkleben und zu einem „Ball“ auseinanderfalten.

Jetzt schneiden wir einen größeren Kreis (Durchmesser 15 cm) spiralförmig ein – wie ein Schneckenhaus – und kleben den Mittelpunkt an ein Ende unseres Faltballes. An das andere Ende des Faltballes binden wir einen Faden von ca. 50 cm Länge.

Nun den Bindfaden fassen und beim Laufen den Faltball hinter sich herschwirren lassen.

Transparentbild mit Pfingstmotiven

Material und Arbeitsanleitung vgl. Weihnachten (S. 50).

Bei dem abgebildeten Motiv wurde für den Boden dunkles Transparentpapier gewählt, etwas helleres für die Außenseiten, damit die Gewänder der Jünger, die Flammen, die Seitenteile der angedeuteten Kirche und die Taube wie eine Kuppel aus Licht wirken.

Erntedank

Danken hängt mit „denken“ zusammen. Wir denken mit den Kindern an die großen Heilstaten Gottes. Wir erzählen in den Bildern der Schöpfungsgeschichte vom Geschenk Gottes für uns Menschen. Wir singen gemeinsame Danklieder nach den Psalmen.

Wir denken auch an die Liebe und Güte, die wir selbst in unserem Leben erfahren haben, und danken Gott dafür. Das Erntedankfest könnte auch ein guter Anlaß sein, das oft vergessene Tischgebet wieder einzuführen.

Erntedank: Empfangen und teilen, das ist nachvollziehbar in der Geschichte der Speisung der Fünftausend (Matth. 14, 15 ff.). Beim Nachdenken über diesen Text erinnern wir uns auch an Kinderschicksale in der dritten Welt (vgl. den Erzählstoff in der Passionszeit). Auch die Kinder selbst werden sich im Gespräch an viele Bilder aus den Notstandsgebieten in der Welt erinnern, die ihnen das Fernsehen täglich zeigt. Solche Darstellungen können die Kinder für das unverdiente Geschenk unseres immer noch überreich gedeckten Tisches sensibel machen. Vielleicht können wir zusammen mit den Kindern auch einen kleinen praktischen Beitrag für notleidende Menschen liefern. Man könnte zu einem Basar einladen, an dem Bastelarbeiten verkauft werden, oder zu einem von den Kindern gestalteten Spielnachmittag, zu dem eine Kollekte für Hungernde erbeten wird.

Bei den kurzen Erntedankspielen bringen die Kinder selber ihre Gaben zum Tisch des Herrn. Das Pflücken der Blumen und Blätter, das Sammeln und Ernten der Früchte soll die Kinder empfänglich machen für das Wachsen, Blühen und Reifen in der Natur.

Die Freude über die anvertrauten Gaben kann sich in den Dankliedern ausdrücken.

•Wir erzählen

Was ihr getan habt für einen meiner geringsten Brüder . . .

„Wir wollen doch mal darüber sprechen, was ihr in der letzten Woche im Fernsehen gesehen habt!“, sagt die Lehrerin.

Peter und Michael wollen natürlich gleich von dem aufregenden Western berichten, Ingrid möchte von der Kindersendung am Nachmittag erzählen.

„Nein“, sagt die Lehrerin, „ich wollte eigentlich etwas über die Tagesschau hören. Aber nicht von den Wahlnachrichten, sondern darüber, wo es in der Welt Not und Leid gegeben hat.“

„Ich hab Bilder gesehen von einer Überschwemmung in Frankreich!“, berichtet Ursula. „Das sah schrecklich aus, wie die Matratzen und Tische und Stühle im Wasser trieben!“ –

„In der Türkei war das schlimm bei dem Erdbeben!“, ruft Thorsten. „Die Leute standen ganz hilflos vor den Trümmern! Und viele Menschen sind unter ihren Häusern begraben worden!“

„Ich habe den Film über einen schlimmen Buschbrand in Australien gesehen!“, ruft Ingrid. „Die Leute konnten gar nicht so schnell vor dem Feuer fliehen. Viele sind verbrannt.“

„Aus Afrika wurden Bilder gezeigt von der Sahel-Zone. Die Kinder hatten ganz dicke Bäuche vom Hunger. Das sah schrecklich aus!“, sagt Monika.

„Und helfen kann man da ja doch nicht! Das ist ja so weit weg!“, meint Wiebke nachdenklich.

„Das Rote Kreuz z. B. schickt schon viele Helfer und Medikamente in solche Notstandsgebiete!“, sagt die Lehrerin. „Aber ich meine, wenn wir wirklich helfen wollen, brauchen wir gar nicht so weit zu gehen!“

„Bei uns gibt es doch keine Erdbeben!“, ruft Christoph. „Und so riesige Waldbrände auch nicht!“, lacht Stephan.

„Ich meine gar nicht so große Hilfsaktionen!“, sagt die Lehrerin.

„Ich wüßte was“, meint Britta zögernd. „Bei uns oben wohnt eine alte Frau mit einer schlimmen Hüfte. Die kann so schlecht

Treppen steigen. Ich könnte ihr ja öfter mal einkaufen helfen. Die Tasche und der Stock, das ist so schwer für sie."

Die Kinder überlegen. Eine Weile ist es ganz still in der Klasse.

„Bei uns nebenan wohnt ein alter Mann, dem ist die Frau gestorben. Er will nicht ins Altersheim. Er kriegt immer ‚Essen auf Rädern'. Eigentlich ist er noch ganz rüstig. Aber im Garten arbeiten und Schnee fegen im Winter, das kann er nicht mehr . . .", sagt Kai zögernd.

„Und Nasa. Der kann immer noch so schlecht lesen! Ich könnte ihm ja mal bei den Schulaufgaben helfen", meint Peter.

„Und seine Schwester könnte mal zu uns zum Spielen kommen!", sagt Barbara.

„Für Arne ist es auch immer so langweilig in der Pause. Bloß weil er immer noch sein Gipsbein hat. Ich kann ja mit ihm in der Klasse bleiben und mit ihm spielen!", überlegt Ralf.

Nun kann die Lehrerin die vielen Vorschläge und Einfälle kaum bremsen. „Ich glaube, wir können bald eine Fernsehreportage über eine hilfsbereite Klasse machen!", lacht sie. „Ich will euch in ein paar Wochen mal daran erinnern, ob ihr eure guten Vorsätze auch ausgeführt habt!"

„Ehrenwort!", meint Peter.

Dann wird es noch einmal still in der Klasse. Die Lehrerin teilt Zettel aus und sagt: „Petra, du darfst den Text langsam und deutlich vorlesen! Dann dürft ihr Bilder dazu malen. Eure Bilder sollen alle hier an der Wandleiste hängen." Petra liest:

Jesus sagt:
Ich war hungrig,
und ihr habt mir zu essen gegeben.
Ich war durstig,
und ihr habt mir zu trinken gegeben.
Ich war fremd,
und ihr habt mich aufgenommen.
Ich war nackt,
und ihr habt mich bekleidet.
Ich war krank,
und ihr habt mich besucht.
Ich war gefangen,
und ihr habt mich im Gefängnis besucht.
Denn was ihr für einen meiner
geringsten Brüder getan habt,
das habt ihr für mich getan.

Schöpfungsgeschichte (nach 1. Mose 1, 1; 2, 4a)

Am Anfang war Gott da.
Die Erde und der Himmel waren wüst und leer.
Es war ganz dunkel.

Aber Gott war da.
Gott sprach: Es werde Licht.
Da wurde es hell auf der Erde.
Es wurde Abend und wurde Morgen.
Das war der erste Tag.

Ein neuer Tag begann.
Da schuf Gott den Himmel.
Er wölbte sich über der Erde.
Das Wasser bedeckte alles Land.
Das war der zweite Tag.

Ein neuer Tag begann.
Da schuf Gott Land und Meer.
Aus der Erde ließ er die Pflanzen wachsen,
das Gras, die Kräuter,
die Blumen und Bäume.
Das war der dritte Tag.

Ein neuer Tag begann.
Da sprach Gott:
Ich will die Lichter an den Himmel setzen.
Ein großes Licht soll am Tag scheinen,
ein kleines in der Nacht.
Und er ließ Sterne, Mond und Sonne leuchten.
Das war der vierte Tag.

Ein neuer Tag begann.
Da sprach Gott:
Ich will im Wasser Tiere schwimmen lassen,
und am Himmel sollen Vögel fliegen.
Gott segnete sie und sprach:
Ihr sollt euch vermehren,
ihr Fische im Wasser
und ihr Vögel unter dem Himmel.
Das war der fünfte Tag.

Ein neuer Tag begann.
Da sprach Gott:
Viele Tiere sollen auf der Erde leben,
Tiere von allen Arten.
Und ich will Menschen schaffen.
Sie sollen wie ein Bild von mir sein.
Da schuf Gott die Menschen.
Er segnete sie und sprach:
Seid fruchtbar und mehret euch!
Ich habe euch die Erde
mit Pflanzen und Tieren geschenkt.
Dort sollt ihr leben und alles gut verwalten,
was ich in eure Hand gegeben habe.
Das war der sechste Tag.

Durch Gottes Wort wurden Himmel und Erde geschaffen. Am siebten Tag ruhte Gott von seinen Werken aus. Gott segnete den siebenten Tag und sprach: Dieser Tag soll Gottes Tag sein. Den sollt ihr heilig halten.
Am siebenten Tag wollen wir Gott danken für alle seine Gaben.

Mach in mir deinem Geiste Raum,
daß ich dir werd ein guter Baum,
und laß mich Wurzeln treiben;
verleihe, daß zu deinem Ruhm
ich deines Gartens schöne Blum
und Pflanze möge bleiben.

Paul Gerhardt

•Wir spielen

Kleines Spiel zum Erntedank

In diesem Spiel danken wir Gott für die Gaben seiner Schöpfung, vor allem aber für die Gemeinschaft mit seinem Sohn. Diese Gemeinschaft zeigt sich auch in der Hinwendung zum Nächsten, mit dem wir die reichen Gaben Gottes teilen dürfen.

Wir feiern das Erntedankfest – danken, teilen, weitergeben – ganz handgreiflich, indem wir die Gaben zum Altar bringen. Der Kehrvers wird zu Beginn und nach jeder Gabe gesungen.

Text: Barbara Cratzius
Melodie: Herbert Ring

Kehrvers

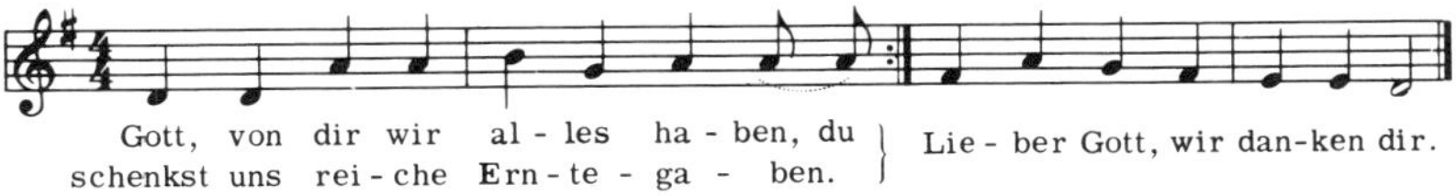

1. Kind: Die Sonnenblume ist gelb und schön,
   ihr könnt die großen Blüten sehn.
2. Kind: Im Garten blühen die Gladiolen,
   die will ich in den Kreis herholen.
3. Kind: Ich trag den Korb, der ist so schwer,
   ich bring euch die Kastanien her.

4. KIND: Die Pflaumen süß wie Zucker sind,
die mag bestimmt ein jedes Kind.
5. KIND: Nun seht euch meine Birnen an,
die Tasche kaum ich tragen kann.
6. KIND: Ich pflücke Äpfel von den Zweigen,
den großen Korb will ich euch zeigen.
7. KIND: Ihr Bienen fliegt im Sonnenschein,
und sammelt süßen Honig ein.
(Reicht ein Glas mit Honig.)
8. KIND: Die Brombeeren fand ich am Wegesrand,
hab sie gepflückt mit fleißger Hand.
9. KIND: Ich bring Holunderbeern und Schlehen,
wollt ihr mein volles Körbchen sehen?
10. KIND: Das Korn ist reif auf unserm Feld.
Wir danken Gott, dem Herrn der Welt.

Spiel zum Erntedankfest

Text: Barbara Cratzius
Vertonung: Herbert Ring

Der Rahmenvers, der gemeinsam gesungen oder gesprochen wird, kann zwischen jede einzelne Strophe eingeschoben werden. Die einzelnen Strophen der Kinder können nach der Melodie des Kehrverses auch gesungen werden.

Rahmenvers:

Kehrvers:

1. KIND: Wir tragen den Erntekranz herein,
   gelobet sollst du Schöpfer sein.
2. KIND (in einem neutralen Raum):
   Die Äpfel und Birnen bring ich zum Tisch,
   sie sind ganz saftig, reif und frisch.
   Oder (im Kirchenraum):
   Die Äpfel und Birnen bring ich zum Altar,
   sie wuchsen und reiften wunderbar.
3. KIND: Der Kürbis ist schwer, seht ihn euch an,
   daß ich ihn fast nicht tragen kann.
4. KIND: Wir bringen den Lauch und den Kohl vom Feld,
   so reich ist Gottes schöne Welt.
5. u. 6. KIND: Kartoffeln tragen wir zu zwein,
   Gott ließ sie tief in der Erde gedeihn.
7. KIND: Die Trauben bringen wir herein,
   sie reiften im warmen Sonnenschein.
8. KIND: Und diese Gurken, lang und grün,
   die leg ich auf den Tisch nun hin.
9. KIND: Liebstöckel, Dill und Suppenkraut,
   das tragen wir in Händen, schaut!
10. KIND: Tomaten, Salat sind nicht vergessen,
   die blauen Pflaumen locken zum Essen.
11. KIND: Die Sonnenblume, schaut doch her,
   die Blüte ist ganz groß und schwer.
12. KIND: Die Dahlien und Astern mit buntem Gesicht
   vergessen wir zur Feier nicht.
13. KIND: Kastanien und Eicheln im Walde ich fand,
   Herr, alles schenkt deine gute Hand.
14. – 16. KIND: Wir tragen Kannen mit Brombeeren schwer,
   Holunder und Nüsse bringen wir her.

17. KIND: Die bunten Blätter will ich euch zeigen,
hier an den braunen Kastanienzweigen.
18. KIND: Wir bringen zum Schluß das Brot und den Wein
als Dank zum Tische des Herrn herein.
ALLE: Herr, sieh den Tisch, es ist alles bereit,
du reichst uns die Speise zur rechten Zeit.
Herr, segne die Gaben, die du uns gibst,
du schenkst uns alles, weil du uns liebst.
Du sorgst und du sättigst mit gütiger Hand,
Herr, segne und hüte du Stadt und Land.

Als weiteres Spiel zum Erntedankfest eignet sich auch das Josef-Spiel (vgl. Fastenzeit, Passion).

Wir bringen unsere Gaben

Bei einer Kindergruppe, der das Lernen und Einprägen von Texten schwerfällt, könnten die verschiedenen Erntegaben jeweils in der ersten Zeile genannt werden (vom Kind selbst oder der Leiterin), während die Gruppe gemeinsam die sich stets wiederholenden Zeilen spricht. Der Kehrvers aus dem vorausgehenden Spiel kann jeweils als kleine musikalische Auflockerung eingeschoben werden.

KIND: Sonnenblumen, Sonnenblumen
ALLE: tragen wir hinein.
Gott, du hast sie keimen lassen,
wachsen und gedeihn.
KIND: Bunte Astern, bunte Astern
ALLE: tragen wir hinein.
Gott, du hast . . . .
KIND: Die Kastanien, die Kastanien
ALLE: . . . .
KIND: Und die Eicheln, und die Eicheln
ALLE: . . .
KIND: Gelbe Birnen, gelbe Birnen
ALLE: . . .
KIND: Rote Äpfel, rote Äpfel
ALLE: . . .
KIND: Korn und Trauben, Korn und Trauben
ALLE: . . .

•Wir singen und beten

Das Baumjahr (nach Ps. 1)

Text: Barbara Cratzius
Melodie: Erna Woll

Kehrvers

2. Baum du, schöner Baum,
du wirst stark und größer,
jedes Jahr ein kleines Stück,
wachse, schöner Baum.

3. Baum du, Frühlingsbaum,
recke deine Zweige,
grüne, grüne, Blatt um Blatt,
blühe, lieber Baum.

4. Baum du, Sommerbaum,
strecke deine Wurzeln,
sauge Leben aus der Tiefe,
treibe, lieber Baum.

5. Baum du, Erntebaum,
trage reiche Früchte,
neues Leben, guten Kern,
reife, lieber Baum.

6. Baum du, Winterbaum,
durch die kahlen Äste
kann ich hell den Himmel sehn,
warte, schlafe, Baum.

Ein Spieltip: Bei Erntedankfeiern kann man aus dem Baumjahr-Lied ein kleines Spiel machen. Drei oder vier Kinder stehen Rücken an Rücken zusammen. Sie sind ein „Baum“. Die anderen Kinder bilden einen Kreis um den „Baum“. Während des Kehrverses faßt sich der Kreis bei den Händen und tanzt um den „Baum“ herum. Bei jeder Strophe öffnet sich der Kreis, so daß die Zuschauer den „Baum“ sehen können.

Die „Baum“-Spieler können sich zu jeder Strophe passende Bewegungen ausdenken. Bei der ersten Strophe sitzen sie z. B. in der Hocke und strecken zaghaft ihre Hände über den Kopf; bei der zweiten Strophe stellen sie sich auf Zehenspitzen und blasen dick die Backen auf usw.

Wir sind an deinem Tisch vereint

Text: Barbara Cratzius
Melodie: Herbert Ring

Kehrvers

2. Im Brot und im Wein wird Wunder geschehen,
der Leib in der Erde wird auferstehen.

3. Du reichst uns die Gaben, wir nehmen und geben,
laßt Brüder uns werden im Tod und im Leben.

Text: Barbara Cratzius
Melodie: Herbert Ring

Danklied

Kehrvers

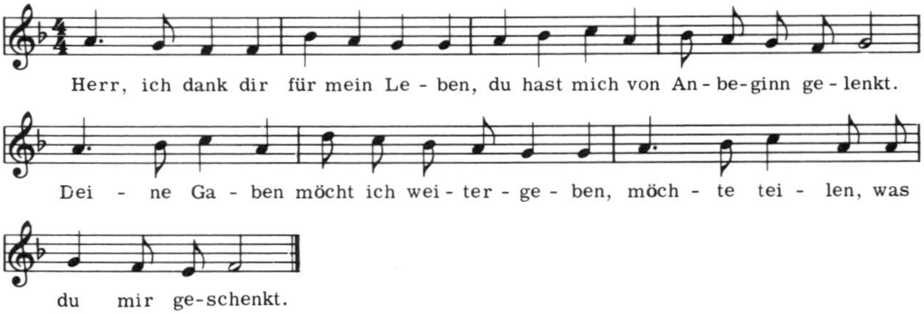

2. Du hast die Ohren mir geschenkt,
ich lausch den Vögeln und dem Wind.
Die Eltern reden lieb mit mir,
und du, Herr, sprichst mit deinem Kind.

3. Du hast die Hände mir geschenkt,
ich spür das Wasser, Holz und Sand,
das weiche Fell, den harten Stein,
die Feder, die am Weg ich fand.

4. Du hast die Füße mir geschenkt,
Herr, lenke du auch meinen Schritt.
Zeig du den Weg zum Bruder mir
und geh auf meinen Wegen mit.

5. Du hast mir auch mein Herz geschenkt,
in Freud' und Trauer mich geführt.
Du hast mich lieb und tröstest mich,
das hab ich jeden Tag gespürt.

Text: Barbara Cratzius
Melodie: Herbert Ring

Loblied

2. Sei gelobt für Blumen und für Bäume,
sei gelobt für Wiesen und für Felder,
sei gelobt für Fische und für Vögel,
sei gelobt für Vieh und wilde Tiere,
sei gelobt bis an der Welten Ende,
lenke, Herr, du selber unsre Hände.

3. Sei gelobt für Menschen, dir zum Bilde,
sei gelobt für Hirn und Herz und Glieder,
sei gelobt für deine große Schöpfung,
sei gelobt, du setztest uns zum Hüter,
sei gelobt bis an der Welten Ende,
lenke, Herr, du selber unsre Hände.

Text: Barbara Cratzius
Melodie: Holger Kiesé

Das Lied von den schlechten Gärtnern

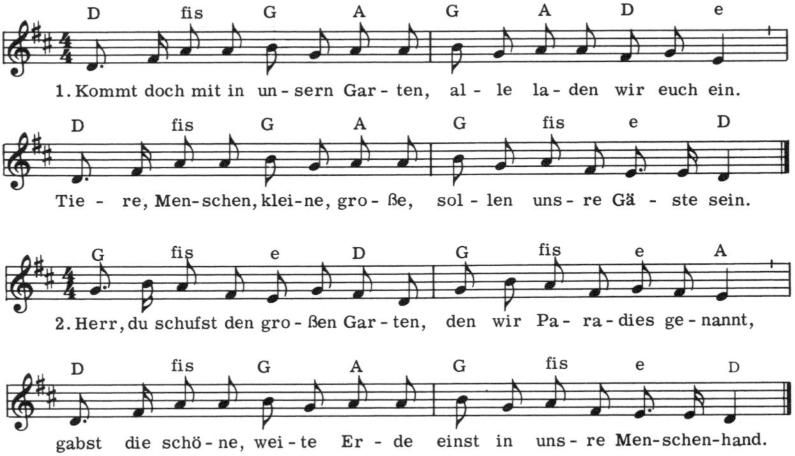

2. Deine Blumen, deine Bäume
hast du, Herr, für uns erdacht.
Doch was haben deine Kinder
Jahr für Jahr daraus gemacht?

Eure Knospen, liebe Bäume,
sind verwelkt und werden braun.
Liebe Vögel, wollt ihr Nester
in den kahlen Zweigen baun?

3. Zugemauert ist die Erde,
harter Asphalt, rauher Stein.
Und es dringt für eure Wurzeln
nicht mehr Tau noch Regen ein.

Ach, es saugen eure Blätter
Staub und Gase mühsam ein.
Selten glänzt durch dunkle Wolken
schöner warmer Sonnenschein.

4. Dehnen wollten sich die Stämme,
Ring um Ring wohl Jahr für Jahr.
Doch wir waren schlechte Gärtner,
das wird uns jetzt offenbar.

Seht – da liegt nun unser Garten,
ob die Tür noch offen steht?
Laßt uns heute pflegen, hüten,
morgen ist es schon zu spät!

Text: Barbara Cratzius
Melodie: Holger Kiesé

Das Lied von der Erde

2. Erde, Erde, grüner Garten
unterm weiten Himmelszelt.
Gott schuf Samen, Stamm und Blätter,
alles Leben auf der Welt.

3. Leben auf der großen Erde,
Wasser, Luft und weites Land.
Gott gab alles seinen Kindern,
legte es in unsre Hand.

4. Laßt uns danken, laßt uns loben
für das Korn, die Frucht, den Wein,
Erde, Erde, gute Erde
wir wolln deine Hüter sein.

Das Lied vom Friedensbaum

Text: Barbara Cratzius
Melodie: Herbert Ring

2. Kommt, pflanzt mit uns viele Bäume,
holt die gute Erde her!
Und wir fassen unsre Hände.
Zank und Streit gibt's nun nicht mehr.

3. Friedensbäume, ihr sollt wachsen,
wurzeln, blühen und gedeihn,
friedlich wollen wir hier spielen;
kommt, wir laden alle ein!

4. Lieber Gott, du schenkst uns Bäume,
gibst uns Erde, Wasser, Sand,
schenkst uns Blüten, Blätter, Träume:
alles kommt von deiner Hand.

5. Lieber Gott, du läßt uns wachsen
wie die Bäume, Jahr für Jahr.
Bleib bei uns mit deinem Frieden,
heut und morgen, immerdar!

Text: Barbara Cratzius
Melodie: Felicitas Kukuck

Nachruf

Kehrvers

2. Die Vögel wollte ich dir vererben,
Kind, mein liebes Kind.
Nun sind verstummt ihre Lieder,
heiß glüht der Aschenwind.

3. Das Wasser wollte ich dir vererben,
sprudelnd aus Felsgestein.
Dunkel und tot sind die Fluten,
tauch nicht die Hand hinein.

4. Die Erde wollte ich dir vererben,
Kind, mein liebes Kind.
Ich seh das Leben sterben,
wir waren alle blind.

5. Du, Herr des Weltalls, du legst die Schöpfung,
Wasser, Luft und Sand,
das Leben auf dieser Erde,
Herr, auch in meine Hand.

6. Schenk du uns Hoffnung und hilf uns leben,
wohin du uns gestellt.
Und lenke du Hirn und Hände
zum Schutze deiner Welt.

Text: Barbara Cratzius
Melodie: Rolf Schweizer

Herr, so groß ist unsre Erde (nach Ps. 8)

2. Herr, du gabst uns Kraft und Würde,
hast uns deinen Geist geschenkt,
legtest uns die Welt zu Füßen,
und dein Wort hat uns gelenkt.

3. Du schufst Leben auf der Erde,
Wasser, Himmel, Luft und Land,
machtest uns zum Herrn und Hüter,
führe du auch unsre Hand.

4. Aus dem Munde unsrer Kinder
tönt mit Macht der Lobgesang.
Herr, schenk Frieden allen Menschen.
Dir sei ewig Preis und Dank.

Text: Barbara Cratzius
Melodie: Herbert Ring

Lied von der Schöpfung

2. Doch einst war unsre schöne Welt
finster und wüst und leer.
Es gab nicht Sonne, Mond und Sterne,
nicht Sand und Fluß und großes Meer.

3. „Es werde!“, sprach der liebe Gott,
„Licht, fang zu leuchten an!“
Da kreisten Sonne, Mond und Sterne
und zogen ihre goldne Bahn.

4. „Es werde!“, sprach der liebe Gott,
„Wasser, nun rausch hervor!
Bespüle Steine, Sand und Erde!
Ihr Berge, wölbt euch hoch empor!“

5. „Es werde!“, sprach der liebe Gott,
„Keim, fang zu wachsen an!“
Da haben Blüten, Blumen, Blätter
die kleinen Knospen aufgetan.

6. „Es werde!“, sprach der liebe Gott,
„Tiere, nun aufgewacht!“
Das gab ein Singen, Bellen, Springen
und Jubelrufen Tag und Nacht.

7. „Es werde!“, sprach der liebe Gott,
„Menschen, ich rufe euch!
Ich gebe euch die gute Erde,
ich schenk euch Gaben überreich.“

8. Auch mich rief er empor ans Licht,
gab Leib und Seele mir.
Ich darf nun springen, weinen, lachen;
du lieber Gott, ich danke dir.

9. Er schuf uns als sein Ebenbild,
hat uns zum Herrn bestellt.
So laßt uns seine Schöpfung schützen
und Frieden halten in der Welt!

Text: Barbara Cratzius
Melodie: Herbert Beuerle

Hör den Regen rauschen

2. Sieh die Wolken ziehen, wie sie jagen im Winde.
   Wie lang noch leben wir mit Wolken und Wind?

3. Spür die Kraft der Sonne und das Wachsen des Kornes.
   Wie lang noch leben wir mit Sonne und Korn?

(Zuerst erschienen in „Du hast es mir versprochen“, Steinkopf Verlag, Stuttgart.)

Wir beten

Lieber Vater im Himmel,
du schenkst uns jeden Tag deine Gaben. Wir brauchen nicht zu hungern. Wir wollen nicht vergessen, daß es so viele Menschen in der Welt gibt, die nicht satt werden.

Hilf uns, daran zu denken, daß wir jeden Tag dankbar sind für jede Scheibe Brot und jeden Becher Milch. Amen.

Lieber Gott,
du hast die Sonnenblume wachsen lassen. Aus einem ganz kleinen Kern ist sie so groß geworden. Sie trägt einen großen, runden, braunen Teller mit vielen Samen. Die Vögel dürfen davon picken. Neues Leben trägt sie in ihren vielen Samenkörnern.

Lieber Gott, wir danken dir dafür. Amen.

Tischgebete für eine Gruppe

EINER: Lieber Gott, wir sitzen alle um einen Tisch.
ALLE: Wir danken dir, Vater im Himmel.
EINER: Du hast den Tisch reich gedeckt für uns.
Du hast uns deine Gaben geschenkt.
ALLE: Wir danken dir, Vater im Himmel.
EINER: Viele Menschen haben mitgeholfen, daß wir die Speisen zubereiten konnten. Wir danken den Bauern, den Gärtnern und den Fischern, den Bäckern und den Fleischern und vielen anderen Menschen.
ALLE: Wir danken dir, Vater im Himmel.
EINER: Lieber Gott, segne deine Gaben und segne uns.
ALLE: Wir danken dir, Vater im Himmel. Amen.

Herr, unser Gott,
wir danken dir, daß wir jeden Tag genug zu essen und zu trinken haben. So reich gedeckt ist unser Tisch. Du läßt die Pflanzen auf den Feldern wachsen und gedeihen. Luft und Wasser, Sonne und Regen schenkst du uns.

Alles Leben auf der Erde kommt von dir. Du hast uns deine Erde anvertraut. Hilf uns, daß wir sie lieben und pflegen. Auch unser Leben liegt in deinen Händen. Dafür danken wir dir. Amen.

Herr, unser Gott,
wir bitten dich für alle Menschen in der Welt, bei denen der Tisch nicht so reich gedeckt ist wie bei uns. Schick ihnen Menschen, die ihnen helfen. Laß uns jeden Tag spüren, daß alles auf der Erde ein Geschenk von dir ist. Hilf uns, daß wir deine Erde gut verwalten und sie nicht zerstören. Mach uns bewußt, daß wir lernen, mit den Menschen zu teilen, die hungern und Durst haben. Amen.

Lieber Gott,
du schickst uns Frost und Hitze, Saat und Ernte, Sommer und Winter, Tag und Nacht.

Wir danken dir für deine guten Gaben, die du uns jedes Jahr von neuem schenkst. Es stimmt, daß wir oft achtlos an deinen Gaben vorbeigegangen sind. Wir haben oft nicht genug gedankt dafür. – Manchmal sind wir auch lieblos und gedankenlos gegen das, was du geschaffen hast, gegen Pflanzen und Tiere und gegen unseren Nächsten. Wir bitten dich, hilf uns, daß wir unser Herz, unseren Mund und unsere Hände öffnen lernen. Mach uns bewußt, daß wir jeden Tag als ein Geschenk von dir aus deiner Hand nehmen. Amen.

Lieber Herr Jesus,
du hast gesagt: Ich bin das Brot des Lebens; wer zu mir kommt, wird nicht mehr hungern, wer an mich glaubt, wird nicht mehr Durst leiden. Unser Tisch ist zwar jeden Tag reich gedeckt, aber wir spüren doch, daß tief in unserem Herzen etwas fehlt. Wir brauchen zum rechten Leben das Wasser und das Brot, das aus deinen Händen kommt. Sende deinen Frieden und deine Liebe in unser Haus. Amen.

•Wir basteln

Materialdruck – Blätter

(Idee und Arbeitsmuster: Sigrid Helle)

Material: Zeichenpapier oder Tonpapier, Deckfarben, verdünnte Dispersionsfarben oder Linoldruckfarben, Pinsel oder Linoldruckwalze, Herbstlaub.

Arbeitsanleitung: Man sammelt Herbstlaub, das eine möglichst glatte Oberfläche hat und dessen Adern deutlich hervortreten.

Diese Blätter werden von der Unterseite mit Farbe bemalt oder mit der Walze und Linoldruckfarbe eingefärbt. Dann legt man das

Blatt mit der Farbseite auf Papier und drückt es mit den Fingern vorsichtig an. Dabei ist besonders wichtig, daß das Adernsystem und der Umriß der Blätter gut drucken.

Will man auf dem Papier mehrfarbige Abdrucke erzielen, so hat man zwei Möglichkeiten:

1. Jedes Blatt nacheinander verschieden einfärben und auf derselben Stelle des Papiers abdrucken (zuerst die hellen Farben, dann die dunkleren). Außerdem muß jeder Abdruck zunächst trocknen, bevor man den folgenden darübersetzt, weil sonst durch Verlaufen der Farben die Klarheit der Struktur verlorengeht.
2. Man kann die Blätter aber auch gleich verschiedenfarbig einfärben, so daß mit einem Druckvorgang sofort ein mehrfarbiges Bild entsteht.

Beide Druckarten führen zu reizvollen Ergebnissen, sind in der Wirkung aber recht verschieden.

Silhouettenschnitt – Bäume

(Idee und Arbeitsmuster: Sigrid Helle)

Material: Grautonpapier, Zeichenblockpapier, feine Schere (am besten Silhouettenschere), Alleskleber.

Arbeitsanleitung: Die Bäume für unsere „Parklandschaft" zeichnet man auf verschiedene Bogen Buntpapier derselben Farbe, aber unterschiedlicher Farbintensität. Nach dem Ausschneiden werden zunächst die hellen Farbtöne sortiert und aufgeklebt, dann folgen die jeweils einen Ton dunkleren. Durch diese Farbanordnung entsteht die erwünschte Tiefenwirkung.

Holzschnitt zum Thema „Baum"

Material und Werkzeug: Brettstücke aus Weichholz (Erle, Linde, Kiefer), Schnitzmesser (notfalls Linolschneidemesser, Taschenmesser, Stemmeisen), Glasplatte, Druckfarbe, Gummiwalze, Zeichenpapier, Bleistift, alte Zeitungen.

Arbeitsanleitung: Wir entwerfen zunächst unser Motiv auf Zeichenpapier und übertragen es dann auf das Holz. Mit dem Messer schneiden wir dann zunächst die Konturen ein und heben alle Stellen aus, die später nicht drucken sollen. Es ist ratsam, die Holzplatte beim Schnitzen am Tisch festzuklemmen.

Danach walzen wir etwas Druckfarbe auf der Glasplatte aus und färben den Druckstock vorsichtig ein (nur die erhabenen Teile). Er nimmt recht viel Farbe auf. Zum Abdrucken können wir normales Zeichenpapier verwenden. Wir legen dazu das Druckpapier auf einige alte Zeitungen, setzen den Druckstock mit der eingefärbten Fläche darauf (nicht verrutschen!) und drücken ihn kräftig fest (daraufstellen). Dann drehen wir den Druckstock mit dem Druckpapier vorsichtig um und reiben mit einem Messerrükken oder mit der Rundung eines Löffels das Papier noch einmal kräftig an. Dann wird das Papier vorsichtig abgelöst. Der Druck muß ca. 24 Stunden trocknen.

Der Druckstock selbst ist ein interessanter Wandschmuck. Man kann ihn immer wieder zum Abdrucken verwenden.

(Arbeitsmuster aus dem Heinrich-Heine-Gymnasium Heikendorf.)

Stoffdruck mit Herbstblättern

Material: Eine Anzahl verschieden geformter und gepreßter Herbstblätter, Stoffarbe, Stoffreste oder Servietten, Pinsel zum Einfärben.

Arbeitsanleitung: Wir spannen den Stoff (kleine Tischdecke, Servietten, Tischläufer) auf unsere Arbeitsplatte, so daß er nicht verrutschen kann. Dann streichen wir eines der schön geformten Blätter mit Stoffarbe ein und pressen es vorsichtig auf den Stoff. Gut geeignet sind die Blätter von Kastanie, Erle, Birke, Esche, Ahorn, Trauerweide.

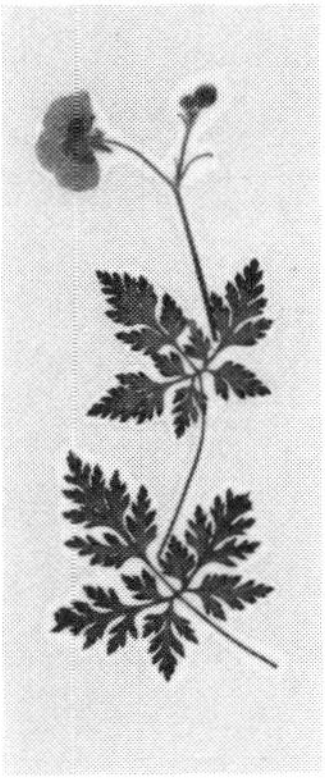

Pressen von Blättern und Gräsern

Im Herbst, wenn sich die Blätter verfärben, können wir uns eine Sammlung von schöngeformten Blättern anlegen. Auch Gräser, Kräuter, kleine Blütenpflanzen eignen sich zum Pressen. Man kann damit Lesezeichen, Buchhüllen, Lampenschirme, Briefkarten oder Glasbilder gestalten.

Material: Geeignete Blätter oder Gräser, Holzbrettchen (Frühstücksbrett), alte Zeitungen, Ziegelsteine oder schwere Bücher zum Beschweren.

Arbeitsanleitung: Wir legen die Blätter zum Pressen zwischen gefaltete Zeitungen, bedecken diese mit einem Holzbrettchen und beschweren sie. Bei Blüten mit dicken Fruchtständen (z. B. Mohn, Tulpen, Rosen) trennen wir die Blütenblätter ab und pressen sie einzeln. Es dauert ein bis drei Wochen, bis die Pflanzen getrocknet sind.

Mit Alleskleber können wir die Pflanzen und Blätter zu schönen Kollagen arrangieren. Es wäre z. B. eine besondere Weihnachtsüberraschung, wenn wir eine gepreßte Christrose (auf grauem Hintergrundpapier) in einem Glasrahmen verschenken würden.

Bei manchen Blättern kommt es darauf an, daß sie möglichst rasch gepreßt werden. Man kann diese Blätter zwischen Löschpapier legen und mit einem heißen Bügeleisen überbügeln. Dann verdunstet das Wasser schnell und die Blätter behalten ihre leuchtende Farbe.

Linolschnitt Herbstbild

Material und Arbeitsanleitung vgl. Seite 54.
Bei dem Arbeitsmuster (aus dem Kunstunterricht des Heinrich-Heine-Gymnasiums in Heikendorf) wurde eine andere Technik angewendet. Das Motiv ist als Weißfigurenschnitt angelegt, d. h. es wurde mit der Schneidefeder in das Linol eingeritzt, so daß es negativ erscheint. Mit etwas Übung kann man Negativdruck und Positivdruck beim selben Bild anwenden, wodurch eine interessante Wirkung erzielt wird.

Brandmalerei

Wir verzieren Frühstücks- oder Käsebrettchen

Material: Holzbrettchen, Schmirgelpapier, elektrisch beheizte Brennstifte (oder Metallstifte – Stricknadeln, die mit einem Korken versehen und über dem Campingkocher oder der Kerze erhitzt werden), Bleistift, Zirkel, evtl. Klarlack.

Arbeitsanleitung: Die Holzbrettchen werden sauber abgeschmirgelt, dann zeichnen wir darauf unsere Motive vor. Für die

Brandmalerei eignen sich figürliche Motive (z. B. Pflanzen, Blumen), aber auch abstrakte Muster (Kreise, Dreiecke, rankenartige Muster). Mit der erhitzten Nadel fahren wir die vorgezeichneten Motive nach, wobei die Nadel geschoben, nicht gezogen wird. Nach dem Brennen schmirgeln wir noch einmal vorsichtig das Brettchen glatt. Anschließend kann man es lackieren.

Transparentbild: Die Speisung der Fünftausend

Material und Arbeitsanleitung siehe Seite 50.

Bei dem Arbeitsmuster (aus dem Kunstunterricht der Heikendorfer Hauptschule) wurde ein sehr heller gelber „Wüstenhimmel“ gewählt, damit sich die Personen und auch die zwei Fische und die Brote deutlich abheben. Bei Gruppen mit kleineren Kindern sollte man ein einfacheres Motiv wählen und sich z. B. nur auf die Darstellung der Fische und Brote beschränken.

Brunnen-Werkbücher

12107 Theodor Haarbeck
Die Bibel sagt ...
Werkbuch biblische Glaubenslehre

12807 Rolf-Lothar Albrecht
Praktische Bibelarbeit illustriert
Themen, Entwürfe, Anregungen
80 Seiten. 3. Auflage

12812 Walter Wanner
Hassan spielt den Zachäus
und 14 andere spannende Spielszenen
136 Seiten. 2. Auflage

12814 Walter Wanner
Werkbuch Gleichnisse
Praktische Bibelarbeit illustriert
120 Seiten. 3. Auflage

12826 Dieter und Vreni Theobald
Gott liebt nicht nur große Leute
Handbuch für Kinderarbeit
236 Seiten. 5. Auflage

12828 Helmut Pätz/Dieter Velten
Sekunden der Entscheidung
Vorlesebuch für Kinderarbeit
236 Seiten. 5. Auflage

12829 Andreas Benda
Werkbuch Anspiele
Spielszenen – Sprechmotetten – Bildmeditationen – Reportagen – Hörspiele
96 Seiten. 4. Auflage

12832 Peter Lee
Menü für Bibelleser 2
Kräftige Hausmannskost
80 Seiten

12837 Martin Gresing
Rede mit uns allezeit
Texte – Gespräche – Denkanstöße
60 Seiten

12838 Klaus-Dieter Härtel
Leitbilder 2
Sie zeigen uns den Weg
Ludwig Nommensen, William Booth, Martin Luther King, Laurentius und Amalie Sieveking
120 Seiten

12842 Walter Wanner
Neue Anspiele
Aktuelle Kurzdramen – Biblische Szenen – Ein-Mann-Spiele – Reportagen – Sprechmotetten
100 Seiten. 2. Auflage

12843 Horst Eschner
Werkbuch biblischer Unterricht
15 Lektionen für Neun- bis Zwölfjährige in Familie, Gemeinde und Schule
72 Seiten

12846 Jörg Gutzwiller
Werkbuch Leitbilder 3
Aurelius Augustinus, Bernhard von Clairvaux, John Wesley, Mathilde Wrede
72 Seiten

12847 Margret und Walter Wanner
Bibelarbeit aktuell
60 Beispiele für die Praxis der Jugendarbeit
120 Seiten. 3. Auflage

12851 Jörg Gutzwiller
Werkbuch Psalmen erleben
108 Seiten

12852 Walter Wanner
Erzählen kann jeder
Zauber des Erzählens, Technik des Erzählens
112 Seiten. 3. Auflage

12853 Andreas Benda (Hrsg.)
Werkbuch Weihnachten
Anspiele, Erzählungen, Texte, Bibelarbeiten, Gestaltungsvorschläge, Bastelideen für Weihnachtsfeiern in Familie und Gemeinde
200 Seiten. 4. Auflage

12856 Konrad Straub
Ruf aus der Nacht
Werkbuch Bühnenstücke und Spielszenen
260 Seiten

12859 Martin Liedholz
Unterwegs mit jungen Menschen
Handbuch für Jugendarbeit
360 Seiten. 3. Auflage

12863 Helmut Ludwig/Dieter Velten/Walter Wanner
1 x Hölle und zurück
Werkbuch-Sonderausgabe
384 Seiten

12865 Elisabeth Jakobi
Werkbuch Kinderstunden
40 Entwürfe für Jungschar, Kindergottesdienst und Sonntagsschule
140 Seiten

12866 Walter Wanner
Jugend aktiv
Werkbuch missionarisch-dynamische Jugendarbeit
136 Seiten. 4. neu bearbeitete Auflage

BRUNNEN VERLAG GIESSEN/BASEL